〔日〕四方田犬彦/著

潘幼芳/译

李小龙传
光荣与孤独

广西师范大学出版社
·桂林·

目　录

第一部

李小龙之前和之后 3

李小龙的一生 22

第二部

《金门女》.. 39

20 世纪 50 年代的香港电影界 53

《细路祥》和《苦海明灯》.................................... 68

从《慈母泪》到《人海孤鸿》................................. 87

什么是童星 123

在美国修行武术 138

李小龙的写作活动 142

活跃在好莱坞 158

第三部

香港功夫电影的发展历程 175

《唐山大兄》——移民工人 185

《精武门》——抗日民族主义 202

《猛龙过江》——与西欧的对决 220

《龙争虎斗》——与好莱坞合作 245

《死亡游戏》——修复与神化 270

李小龙的行为方式 285

民族主义与香港的形象 303

李小龙之后 324

李小龙电影作品目录 346

注 349

后记 365

文库版后记 368

妈妈，我是东方人，所以在电影里必须把白人全部打败。

—— 李小龙[1]

敌人不过是幻影。

——《龙争虎斗》

第一部

李小龙之前和之后

　　1973 年 9 月，爵士乐评论家平冈正明与夏威夷-关岛中枢地带太平洋各民族独立活动家相识，在前往比基尼岛的途中访问了密克罗尼西亚最南端的马朱罗环礁。在这里，他们偶然一起看了一部让岛上居民欣喜若狂又沉浸于其中的电影。之后他写下了当时的感受：

　　7 米宽的道路就像是浮在海面上的细长的环状绳子，右侧是波涛汹涌的太平洋，左侧是绚丽多彩、炫目的礁湖，电影院就在岛上的椰子林中。我为了躲避倾盆而下的暴雨，飞身进入电影院，映入眼帘的是《猛龙过江》。因为电力不足，画面显得有点苍白。雨停后，三个一群、五个一伙，全家坐着小卡车赶来的岛民全然不顾画面问题，每当李小龙打倒一个敌人时，便送上掌声、口哨声和欢呼声。打败查克·诺里斯的时候他们不禁高兴得手舞足蹈。为这样的画面忽喜忽忧的观众，我还是第

一次看到。（2）

《猛龙过江》曾于1972年年底在香港上映，获得了前所未有的人气。不过，此时这部电影尚未在美国正式上映，李小龙本人也未曾期待能够在欧美大受欢迎。在日本，信息更为落后，就连电影评论家也没有看过他出演的作品，甚至没有听说过他的名字。尽管如此，从香港到东南亚，甚至环太平洋的各个岛屿上，李小龙的名字已经非常响亮。因为这些地方的电影市场中，华人的影响力占绝对优势。这里引用的文章虽然是平冈过了好多年后即1992年执笔写下的，但在日本还不知晓李小龙的年代，这篇文章成为日本观众在海外接触到李小龙出演的作品的重要证词。这里我们引用一条证据——山口淑子的证言。1974年为了制作有关巴勒斯坦问题的纪实节目，她访问了贝鲁特难民营。在"二战"前以艺名"李香兰"成为"满映"① 大明星的她，此时作为富士电视台节目《3点的你》主持人，一直活跃在第一线。她在当地遇到了供职于大使馆的日本空手道老师，了解到在阿拉伯地区格斗

---

① 指伪满洲时期的株式会社满洲映画协会。——译者注

术非常盛行，其原因之一是电影。

据说在贝鲁特，三年前 *BIG BOSS* 等作品已成为长期上映的热门影片，《教父》的影响远不如这些作品。而且，观众们非常乐见"反派角色"是日本人，我感觉到日本人在阿拉伯的形象似乎开始变得有些微妙。

尽管如此，日本青年走在街上，当地人便会朝他们高喊着"空手道、柔道"，并摆出空手道的姿势，可见空手道是多么受欢迎。酒店服务员也许是为了答谢收到小费，突然拍了拍可乐的空瓶口，把瓶子的下半部分砸得粉碎——我也曾有过这种令人胆战心惊的经历。(3)

BIG BOSS 是指 1971 年在香港制作的李小龙的第一部功夫电影《唐山大兄》（日译片名《猛龙千钧一发》）。关于"功夫"这个词的意思，请参照本书第 175 页。山口的文章中讲述了这样一个令人吃惊的事实：该电影同年在贝鲁特公开上映，之后还持续放映了三年之久。实际上，没有看过这部电影的山口，将日本柔道家扮演反派角色的《精武门》（日译片名《猛龙的愤怒铁拳》）和该作品混为一谈了。但是，这在当

前才不重要。这个证言说明的是两个决定性的事实，一是在因为以色列建国而被放逐他乡的巴勒斯坦人，以及把他们作为难民接受的约旦人之中，以李小龙为代表的功夫电影受到了压倒性的欢迎。另一个事实是，他们的狂热是不分中国和日本，不论是李小龙的功夫还是日本的空手道和柔道，都被他们一同接受了。

这个问题之后再详细讨论。李小龙在香港出演功夫电影的时间只有 1971 年到 1973 年的短暂三年，且仅仅留下了四部作品。但在香港，这些作品一出立马受到追捧，每次新作登场都会刷新纪录。1973 年，功夫电影在美国非常流行，尤其是李小龙出演的功夫片得到了广泛的关注。平冈和山口的证言表明：早在美国公映之前，李小龙出演的作品便已在当时被称为"第三世界"的世界各地上映，博得了狂热的人气。

平冈紧接着指出，香港功夫片最早在法国流行，并如此写道：

> 之后朋友们告诉我，无论是在纽约的哈莱姆区，伦敦的唐人街，还是贝鲁特，布鲁斯·李都是人们眼中的英雄。他所谓的"第三世界频道"确确实实存在，这也

是他的本愿吧。(4)

功夫电影在世界范围内流行，对于发源地香港的人们而言恐怕也是意想不到的。1973年，当时正在罗马实验电影中心留学的电影史学家罗卡，之后怀念地记述了自己第一次在三流电影院观看意大利语配音的《精武门》时的回忆。每次出现打斗场面，观众都变得狂热起来。但是他们一看到李小龙和苗可秀的恋爱桥段就觉得无趣，甚至起身上厕所。在罗马的街角到处都贴着罗烈主演的《天下第一拳》的海报，该海报称："从北部重工业地带的大城市都灵，到南端西西里的小城镇，香港的武术电影随处可见，大家都在谈论中国功夫。"李小龙的《唐山大兄》和《精武门》使得中国功夫热在各地蔓延，特别是在都灵，一名三十岁的男子武术家，平时就热衷于香港的"武打影片"，由于过度兴奋，竟在练习中导致弟子死亡。罗卡写道，该事件在社会上引起了巨大反响，对于"港式超暴力影片"所带来的影响，评论界非常惊讶。(5)

笔者直接从罗卡那里了解到，有一次李小龙摄影组突然造访了他打工洗盘子的中餐馆"上海"，想将该店作为《猛龙过江》的舞台——中餐馆的外景地。遗憾的是，最终拍摄还是决定在另一家中餐馆进行，但罗卡似乎因近距离地接触到李小龙而兴奋不已。

20 世纪 70 年代前半期，李小龙的电影给全世界带来的冲击真是难以估量。他不仅给以拳击为主导的好莱坞格斗场面带来了丰富的踢击动作元素，也给黑人动作电影等不少领域带来了活力。站在现在的立场来看，好莱坞的动作片可以说在李小龙之前和之后发生了前所未有的改变。不仅如此，他还向日本、韩国、泰国等亚洲各国的电影产业创立了"功夫电影"这一类别，从漫画到电视游戏，为各种各样的亚文化提供了题材。例如，法国新浪潮派导演阿涅斯·瓦尔达，以在电视游戏中登场的李小龙为素材，于 1987 年发表了一部名为《功夫大师》的电影。

李小龙的影响远不止电影产业，给社会、文化等层面也带来了巨大的冲击。在美国，李小龙所体现的强烈道德感、提倡禁欲的中国人形象，不仅在亚裔美国人中，在非裔和西班牙裔美国人中也成为代表性的特征，常常被用来描述少数派人种的抵抗和团结。就像在 60 年代的古巴，《座头市》成为人民抵抗美国帝国主义的象征一样，这位武术家的一举一动，也给了巴勒斯坦难民勇气和活力。

当然，这也可以说是与亚洲人新刻板印象的形成完全截然不同的现象。20世纪八九十年代，我经常访问摩洛哥，有时在街角处的各个地方被孩子们称为布鲁斯·李，有时被堵在小巷口大叫："啊打！"（当然我会摆出姿势，用更大的声音喊："啊打啊打！"于是他们突然神情严肃起来并往后退，这都是常有的事。）在纽约的哈莱姆区，将日本人、韩国人等东亚裔统称为"李先生"几乎已成一种习惯，我认识的非裔舞蹈演员说，小时候就听说日本人都是功夫高手，所以如果惹他们生气会很麻烦。李小龙带来的冲击，至今仍在波及全世界。

在这里，我想先说一件奇怪的事情。事实上，李小龙的电影在日本总是很晚才公开上映，比世界各地都要晚。1971年开始的李小龙热潮直到1973年年底之后才蔓延至日本，那正是《龙争虎斗》以《燃烧吧！猛龙》这一译名作为春节电影上映的时候。不用说，那时李小龙已经结束了三十二岁的短暂一生，所以日本从未经历过李小龙作为活神话的时代。

李小龙电影在日本的上映比其他国家晚了很多，并且首先在日本上映的并不是纯正的香港电影，而是与华纳兄弟合作的全英文作品，这一点则更是意味深长。《龙争虎斗》于当年七月率先在香港上映，大受欢迎，一个月后在美国上映，但观众人数远远低于《猛龙过江》，没有得到像香港观众那样的大力支持。然而在日本上映后，却出人意料地获得了巨大的成功。结果，从1974年到1975年，李小龙的三部香港电影陆续在日本上映。

在日本发行和上映延迟，有中日双方的原因。嘉禾公司的邹文怀认为，日本人对香港乃至中国都抱有强烈的偏见，因此本来就没有把日本作为市场来考虑。更不用说像《精武门》那样描写日本人暴行和卑鄙的反日电影，日本观众不可能只是默默地观看。

20世纪五六十年代，代表香港的两家电影公司邵氏兄弟和国泰经常制作以日本为舞台的作品。邵氏聘请中平康、井上梅次、西本正等导演、摄影师，委托他们制作日本所擅长的快节奏动作片，国泰则以尤敏这样的偶像女演员为主人公，制作中日合作电影。但是，后者（国泰）仅仅是个例外，日本电影公司对香港电影并无兴趣。在今天无法想象的是，当时席卷东南亚一带的香港电影，却丝毫没有考虑到日本的情况。曾经作为邵氏董事、了解其中原委的邹文怀对向日本出

口李小龙作品一事也态度消极。⁽⁶⁾

另一方面，日本的发行商几乎没有认识到，60 年代的香港与东京一样，其电影对东南亚一带都具有很强的影响力。印象中，60 年代在日本上映的中国电影，历史宣传片居多，带有一定的意识形态特征，并且当时的日本人仍然对中国人怀有偏见，也许会认为北京官话的发音十分滑稽。所以上映李小龙的电影时，首先语言不是用中国普通话，而是用英语更加理想。简而言之，日本不是直接引进香港电影，而是经由好莱坞，也就是经由英语遇见李小龙的。⁽⁷⁾直到现在，比起"李小龙"这个中文名，"Bruce Lee"这个英文名在日本更广为人知。顺便一提，韩国在引进香港电影时并不像日本这样曲折，按照韩语读音将"李小龙"读成"I So ryong"，用韩文来标记，并为人们所熟知。

在发行电影时，日本的发行公司减轻中国味的做法至今也没有改变。20 世纪 90 年代，很多香港恋爱电影在日本上映，其中许多都被赋予了像是美国爱情喜剧^①般的奇异标题，光看标题就很难判断是否为香港电影。70 年代的日本发行公司

---

① Harlequin Romance，即美国爱情喜剧，通常情节简单，结局圆满。——译者注

1973 年日本首映《龙争虎斗》时的宣传册

特意把"龙"写成英语，高唱"dragon"，以美国人气打掩护，这种做法至今丝毫没有改变。

尽管如此，1973年年底，《龙争虎斗》刚在日本上映就大受欢迎，这证明了邹文怀的观点（幸好）是错误的。香港的制作公司终于认识到日本是一个强大的市场。

第一次看到李小龙的电影以及同时代的香港电影，日本人到底会有什么反应呢？在当时公开的宣传册上，极真空手道会馆创办人大山倍达和漫画原作者梶原一骑是这样称赞的——大山说："真佩服。我从来没有在空手道电影中看到过这么精彩的东西。"梶原说："作为一个空手道修行者，我认为空手道的厉害之处是真功夫。"双方都把李小龙的武术称为"空手道"，并把它纳入日本现有的武术范畴。这说明70年代中期的日本，充分描述东亚一带武术的词汇是多么匮乏。

那么电影评论家怎么看呢？《电影旬报》1973年12月上旬期刊登了三页黑白照片介绍和三位评论家的八页评价。

同期还刊登了为弗朗西斯科·罗西《马蒂事件》组织特别座谈会的采录剧本，与之相比，对《龙争虎斗》的处理方式显得有些轻率，但姑且可以看出将其作为热门作品来处理的态度。在照片介绍的页面，站在演员休息室的李小龙边上添加了这样的说明："拥有健壮肌肉的超级明星布鲁斯·李，新动作片是他全程大展拳脚的功夫代表作。"美国的介绍报道是把"功夫"记为"kung fu"，日本在不知其意的情况下，将其用片假名"クン・フー"表示，并发展成了最新的流行语。由此可以推测，关于李小龙的信息不是来自香港，而是主要来自美国。在介绍《龙争虎斗》这一作品时，首先将它称作是别开生面的好莱坞作品之一。文章方面有石上三登志、河野基比古、原田真人三人投稿。(8)

石上的随笔《奇怪!〈龙争虎斗〉》真实地表现了日本电影评论家有生以来第一次观看香港电影时的困惑和兴奋。他首先公开表示自己喜欢"粗犷的风格"，关于《龙争虎斗》，他回避谈论电影本身，而是如此写道："这真是一部令人吃惊，又让我饶有兴趣的珍作。"刚看完的电影确实给他带来了强烈的冲击，但他却找不到表达这种冲击的语言，只能写出一些离题或自嘲的内容，来填满整张纸。河野的《殊死搏斗之〈龙争虎斗〉》一文采用略显平静的语调，提及欧美人追求嬉皮士风格的"东洋"奇迹，指出隐现在这部充斥着武斗精彩场面的影片里的"不合理之处"。接着又提到情节上的一些不足之处，与《007之诺博士》的相似之处。在河野的表达中值得注意的是，其中有一段写道："这部电影很恬淡，就像青春期前的中学生一样观念单纯"，"甚至让人感到主人公对女人的厌恶"。最后，住在美国的原田报告了"空手道电影"在美国的流行，并介绍了李小龙的美国经历。

站在现在的角度去读，就会发现三个人用三种方式、以有趣的形式反映出了当时日本电影评论家的思考框架。一种是面对迄今为止从未见过的武术场面和香港的新鲜感时单纯的兴奋；另一种是将电影分为西方电影和日本电影两个类别，在二分法的基础上来理解这部新作，如此一来，解读时便会碰壁。由于评论家们将《龙争虎斗》这部电影放在西方电影的框架下进行解读，李小龙与美国的关系往往被突出报道。

顺便一提，据本书开头引用的平冈正明透露，《龙争虎斗》在日本上演之后，早早献出赞美词的是大和屋竺、内藤诚等日活、东映株式会社制作动作电影的导演，或是写剧本的电影人。他们首先为映入眼帘的李小龙肌肉的无可比拟性而着迷。李小龙所体现的健壮肌肉和速度美学，正是当时日本电影所缺失的东西——就这一行业观点，他们达成了共识。这一事实证明，香港电影画面中"粗糙的情节和布景"根本算不上缺陷。据说，特别喜欢李小龙的大和屋，将李小龙的身体誉为"传说中的舞蹈家尼金斯基的再现"。[9]此后，平冈在1987年的《香港喜剧大序说》（政界往来社）中，论述了李小龙死后的香港电影现状，而他自己也在极真会作为一名武术家不断进行钻研。

但是关于李小龙，并不只有这样的称赞声。更确切地说，在70年代，除了一部分狂热的爱好者外，大部分的电影评论家都不承认功夫电影的存在，即使承认了也只会用极为轻蔑的语气来提及。例如，之后将在聚焦亚洲·福冈国际电影节上大展身手的佐藤忠男如是写道：

我们到现在为止，说起东南亚的电影，只知道香港的电影，因为那些都是荒唐无稽的空手道电影或者闹剧[1]，所以即使看了这些电影，也不能理解东南亚的现实，不会为他们的苦恼而苦恼。但是在泰国、菲律宾、印度尼西亚等地，有很多电影都是以民族苦恼为严肃主题的作品。试想一下，香港是一个有着国际性的特别风格的地方，虽然那里的电影贯彻商业主义，但东南亚的电影

---

[1]　即 slapstick comedy，打闹喜剧。——译者注

界并不是到处都这样。当然，就算是荒唐无稽的空手道电影，至少也能让之前不了解某一地区的人们对该地区熟悉起来，所以绝对不能忽视。对于东南亚各国的人来说，如果能通过电影知道他们现在有什么苦恼事就更好了。（10）

这篇文章光是引用就足以让人对这强大的偏见感到惊讶，佐藤的这一段落里充满了对事实的认识错误和傲慢。

首先香港没有"空手道电影"，有的是功夫电影（广东话所说的"功夫片"），没有一个动作演员使用了起源于冲绳的空手道。其次，"有着国际性的特别风格的"香港只有商业电影，其他地区存在着"以民族苦恼为严肃主题的电影"，这一观点不仅是错误的，更显现出日本人傲慢的亚洲观和电影观。关于李小龙电影充满了作为中国人，以及作为受到英国殖民统治而成长的香港人的苦恼这一问题，是本书的基调与重大主题，之后会慢慢叙述。根据这篇文章可以推测出这样的事实，佐藤只看在国际电影节上展出的 A 级"作家"的作品，从来没有在泰国或是印度尼西亚当地电影院看过当地上映的不知名娱乐电影。（11）

佐藤的电影观根源分为三个层次，即好莱坞电影是商业主义的娱乐，欧洲电影是品位高雅的艺术，而亚洲电影是向观看民族苦恼的人诉说历史的教材。不属于这些范畴的电影，就会被视为荒诞无稽、不值得一看的作品而排除在外。可以想象，日本的西洋电影进口商在李小龙电影面前犹豫不决，也是因为他们被这种一本正经、官僚化的亚洲电影观束缚。对只知道萨蒂亚吉特·雷伊的印度电影和红色政治宣传影片的人来说，突然出现的响彻怪叫声的动作电影只能理解为无法分类的矛盾作品。但是，这是 70 年代日本人对亚洲电影的普遍认识。

前面引用了很多他人关于李小龙电影的言论，那么在这里我也简单地说说我自己的看法吧。

和大部分日本观众一样，我也属于因《龙争虎斗》而爱上功夫电影的一代人。1974 年 1 月，我因讨厌内讧不断的大学而一直泡在电影院，直到有一次在电影院的屏幕上遇见李小龙，便完全成为他的俘虏。1975 年，我分两次看完剩下的四部电影，然后在大学研究室里发出怪叫声，让他人觉得毛骨悚然。在当家教的地方，和学生一起挥舞纸制的双节棍，引起学生父母嫌弃，可以说我患上了严重的"龙"病。一方面，我对戈达尔和帕索里尼的实验性研究很感兴趣，在读懂了深奥的文章时发现了知性的喜悦；另一方面，在动作场景中不时变幻的肌肉面前，我竟哑然失语了。虽说是训练有素的身体，但一个男人的肌肉体型竟是如此美丽，加之动作敏捷又禁欲，真让人惊叹不已。

对我来说，第一个转机是在 1978 年。当时由嘉禾以李小龙拍摄的电影为素材制作的《死亡游戏》，使整个日本掀起了第二阵布鲁斯·李热潮。为了尽快观看这部新作，不少评论家和作家通过杂志社的关系飞往香港，拜访嘉禾的试映室。当时我只是一名研究生，还没有和媒体接触，甚至没有试映会邀请函，只好一个人怀着隔靴搔痒的心情。

那时，一家出版社来找我。"其实布鲁斯·李还活着。五年前去世的是双胞胎弟弟，他本人则潜藏在某个地方等待时机，所以想问一下，能不能在两周左右，紧急写一本主旨为李迟早有一天会隆重复出的书呢？"书如果取名为李小龙的话，当时那个时代就算是澡堂里烧水的柴火都会畅销。

"就参照这本书来写。"出版社给我的是用英语写的《李小龙传说》。读了一遍让我不由得感叹，所谓荒诞无稽指的就是这个吧。李小龙到底是被日本武术家派遣的专业杀手忍者暗杀的，还是因为他把中国拳法的秘密告诉外国人而被高手杀死的？翻遍每一页，都滔滔不绝地书写着这种让人意想不到的事情。作者的名字我已经忘了。既然这么荒唐的说辞都能出书，我有把握肯定，那么就算"双胞胎之说"广为流传也没关系吧，这么一想我反而变得自信起来了。

因此，我马上接受了工作。我要求飞往香港收集资料，社长却一脸苦涩。我的条件只是想早点观看《死亡游戏》，但据说公司没有那样的预算。在各种各样的谈判过程中，公司倒闭了。就这样，所有的计划成为泡影，后来只剩前述的英文版"传说"留在了我手上。

我打算执笔的《布鲁斯·李还活着》（暂定题目）本该成为我的第一本书。在我失望之际，来自韩国的留学生对我说："我的论文写好了，现在正要回首尔，你一起去吗？"据他说，功夫电影在韩国也很受欢迎，名气最大的不是李小龙，而是叫韩小龙的演员。那不就相当于美空云雀①了？我不由得笑了起来。我接受了他的邀请，去了首尔。那是 1979 年的事。此地韩小龙很活跃，在《有哥哥》《警察》等动作片中展现了跆

① 日本歌唱家、演员。——译者注

拳道的本领。

回国以后的第二年，即1980年，我的第一本影评集问世。我完全忘记了给李小龙写书的计划。就这样，我把最早应该写的书一直往后推。经过一段时间之后，我终于要写关于李小龙的书了。回想起来，我已走过了很长的弯路。

这里先简单说明本书的结构。

下一章节简短地介绍李小龙的传记。到此为止是本书的前言部分。

第二部讲述李小龙在少年时代（20世纪四五十年代）作为童星出演的二十多部电影。这是一直以来李小龙的研究者所未能参透的部分，我有幸得到香港电影资料馆的协助，得以观看其中大部分资料。围绕童星的浪漫想象力就是这些章节的主题。然后，讲述他在美国的修行时代和他的功夫哲学。

第三部将对1971年回到香港后的四部主演作品和《死亡游戏》进行分析。这里将论述在民族主义、性别、武术这三位一体中，李小龙所成就的到底是什么。

李小龙在比赛前经常右手向前伸出，折起四根手指，向对方发出挑战信号。这里我也向读者发送同样的信号："啊打！"

李小龙的一生

　　1940年11月27日，李小龙出生在旧金山位于唐人街的杰克逊街医院。[12]农历十月二十八，是龙年。另外，他诞生的时间点是上午八点左右，也是辰时。父母给他取名为振藩。振藩的"藩"是旧金山（又译三藩市）的意思，即大展身手到震撼旧金山的地步。另外，医院的医生为他起名Bruce。父亲是以粤剧四大名丑（丑即丑角）而闻名的李海泉，从属于广东歌剧团。母亲何爱瑜出生在上海，中德混血儿，天主教徒。何爱瑜陪同丈夫在美国长期公演，其间生下了李小龙。当时丈夫去纽约旅行演出，没有陪在其身边。振藩是次子，而长子忠琛长大后从事皇家香港天文台的运营工作。顺便说一下，第二年，也就是1942年1月17日，穆罕默德·阿里出生在肯塔基州。李小龙一生对阿里抱有好感和竞争心。

　　1941年2月，还是婴儿的李小龙被父亲抱在怀中，出演了伍锦霞的《金门女》。艺名（？）暂为"小李海泉"。振藩出生半年后，一家回到香港，住在九龙半岛尖沙咀弥敦道218

号的旧居，这间房位于面朝大街的旧楼三楼，有一间客厅和两个小房间，李家与大量植物盆栽和鸡住在一起。日军在同年12月入侵香港，一直驻留到1945年8月。

1946年，李小龙最开始在九龙德信学校上学，然后转到喇沙书院小学部。这大概是受身为天主教信徒的母亲的影响。李小龙天生视力差，六岁就开始戴眼镜。因为极度活跃的性格，他经常在教室里惹麻烦。另一方面，他喜欢读书，依稀中梦想着成为医生。

1948年，出演俞亮的《富贵浮云》(爱群)。

1949年，出演蒋爱民的《梦里西施》(银鹰)。

1950年，在冯峰的《细路祥》(大同)中作为正式的童星担任主演，艺名"李龙"。之后，改为"李小龙"。源于碰巧在房外走过的艺人唱"大龙生小龙，行运一条龙"这首歌。可以看出大龙表示中国大陆，小龙表示海外侨胞。后又出演吴回的《凌霄孤雁》(大利)。

1951年，主演秦剑的《人之初》(大观)。和父亲粤剧同事的儿子、同样扮演童角的小麒麟交好。

1952年，自动升入喇沙书院中学部。许冠文是小他两岁的同窗。对于文静、喜欢读书的许氏来说，他无法理解李小龙为什么那么喜欢打架。之后，以《半斤八两》（日译片名为 *Mr. Boo!*）而闻名的他在接受采访时说："布鲁斯·李是美国人。"

1953 年，作为童星陆续出演秦剑的《苦海明灯》（中联）和《慈母泪》（红棉）、孙伟的《父之过》（达成）、珠玑的《千万人家》（中联）、李铁的《危楼春晓》（中联）。

1954 年，热衷于恰恰舞，和不良伙伴交往。骑摩托车兜风（当然，没有牌照）。

1955 年，出演王铿、李铁等的短篇作品《爱》上下集（中联）。连续出演珠玑的《孤星血泪》（中联）、蒋伟光的《守得云开见月明》（大成）、李佳和钱大叔的《孤儿行（苦命女）》（天公）、秦剑的《儿女债》（中联）等。

夏天，他在咏春拳叶问（1893—1972）门下，接受最初的功夫教导。由于混有四分之一的西方人血统，同门弟子中有人怀疑他入门的动机。

1956 年，出演蒋伟光的《早知当初我唔嫁》（新光）、蒋伟光的《诈癫纳福》（大成）。

1957 年，出演吴回的《雷雨》（华侨）和《甜姐儿》（达丰）。但更让李小龙着迷的是街边打架，他经常携带刀或厕所的金属拉绳作为武器。由于越来越着迷恰恰舞，出门的时候他把恰恰舞的笔记藏在钱包里，上面清楚地记载着一百多个步法。和不良伙伴在尖沙咀的夜总会"香槟"彻夜狂舞。

1958 年，李小龙终于从喇沙书院退学，转学到天主教学校圣芳济中学。作为演员的父亲带着门徒，另建新家过新的生活。而新学校是上流阶级特权子弟上学的地方，李小龙感到很孤独。在香港十二所高中参加的高中拳击锦标赛中，击倒三人，决赛中在英国少年面前展示了打架拳法并取得胜利。

1959 年，主演李晨风的《人海孤鸿》（华联）后，离开电影界。北拳中首先学习截拳。喜欢打架，经常被对方父母控诉到警察局。那段时间母亲几乎每天都要去警察局。考虑到在 11 月迎来十九岁生日之前没有回到美国，李小龙的市民权将会失效，父母决定把李小龙送往旧金山。但事实上，那是父母解决儿子打架问题的无奈之举。去当地警察局领取移民许可证时，李小龙的名字被列在黑名单上。在恰恰舞锦标赛中获胜的那晚，他觉得自己不会再留恋香港了。他第一次自称自己的英文名"布鲁斯"。据说离开香港前，他带着伙伴们，在电影院观看了自己出演的《人海孤鸿》，电影在香港上映是在 1960 年 3 月。4 月，他坐轮船去了旧金山。分别时，母亲只给了 100 美元，父亲仅给了 15 美元。坐在三等舱的李小龙，以教恰恰舞为理由，在一等舱度过了十八天乘船之旅的大部分时间。李小龙依托父亲熟人的帮助，马上离开出生地旧金山，前往西雅图。他曾寄宿在父亲同一剧团的同事周少平那里，住在四楼壁橱式房间，同时在周氏啬啬的妻子露比经营的中餐馆当服务员。由于与露比性格不合，日子过得比较辛苦。白天会在爱迪生技校学习。在小巷和公园示范教授学过的咏春拳。

1960 年，接受日本空手道家的挑战，十一秒内分出胜负。从技校毕业。

1961 年，进入华盛顿大学哲学系。与香港时代马虎的学习态度不同，李小龙这次倾注了高度的热情。在西雅图市"亚洲文化日"的活动中，他以功夫打败了前空军、重量级冠军詹姆斯·德迈尔，而受到关注。

1962 年，在西雅图唐人街开设"振藩国术馆"。虽然听起来不错，但只是租了工作单位附近的超市地下停车场，召集弟子进行训练。当地超市的经营者、日裔木村武之也当了徒弟。初期的弟子，包括前面提到的德迈尔和黑人柔道家，几乎所有人都出身于少数族群。李小龙向日裔艾美求过三次婚，均被拒绝。他用一根手指反复做俯卧撑的技艺使周围人震惊。性情易怒。在自我表现欲和野心的驱使下李小龙时常变得滔滔不绝，对此艾美总是沉默以对。李小龙有着能够简化复杂事物并短期内掌握的天赋才能，随之而来的是天生的敏捷和成为最强者的野心。

1963年，自费出版《基本中国拳法》，创设截拳道。在当时的美国说到东方武术，答案绝对是空手道。李小龙果敢地尝试改变这种现象。他去格菲尔德高中演讲，以此为契机认识了十七岁的琳达·埃莫瑞。李小龙夏天回国半年，在父亲的建议下接受包茎手术。他回到西雅图，接受美国的征兵检查，但由于隐睾，体检不合格，没有被派往越南战场。在武术馆，一到星期天下午，就结伴去唐人街的日本电影专场馆看《座头市》等电影。李小龙对动作和电影拍摄方法做出评论，并向学生们展示。不久，武术馆转移到靠近华盛顿大学、设备齐全的地方。李小龙终于离开露比的餐厅，在武术馆深处的小房间里开始新生活。

1964年7月，最终选择大学辍学的李小龙，在长堤国际空手道锦标赛的公开比赛中，演示了在一英寸极近距离内打倒大汉的妙招，令观众惊叹。这时李小龙遇到了美籍菲律宾裔武术家丹·伊诺桑托，他后来成为李小龙的忠实弟子。李小龙结识了理发师杰·塞布林，由此打开了通往好莱坞之路。与琳达·埃莫瑞结婚。李小龙早就预想到新娘父母的反对，极其坦率地向他们宣告："我想和你们家小姐结婚。对了，我是中国人。"得知琳达怀孕的父母慌忙地准备了婚礼，就这样，举行了既没有婚纱也没有结婚照片的婚礼。李小龙搬到奥克兰，与严镜海共同开办武术馆分校。

1965 年，李小龙接受在旧金山唐人街开办武术馆的华裔美国人的挑战，瞬间决出胜负。这是由于反感李小龙给外国人传授功夫而发起的挑战，此后这样的骚扰便消失了。李小龙反复钻研自己的战术和训练方法，设计各种新的训练器具。2 月，儿子布兰登·李（中文名：李国豪）出生，李小龙当上了父亲。因婴儿哭声，难以入睡，他前往 20 世纪福克斯摄影所，为电视连续剧《陈查理》中的儿子角色接受试镜。在展示了一些功夫的简单技巧后，他说道："明白了吗？功夫是非常卑鄙的（sneaky）。"几天后，传来了李海泉在香港逝世的消息。李小龙带着妻儿回港，参加葬礼。没能赶上父亲临终的儿子通常必须在葬礼上向棺材跪下前进。

《陈查理》计划泡汤。琳达第一次来香港，而且在大家庭中的逗留让她感到困惑。满心想在美国活跃的李小龙，在香港避开了旧相识的电影人。他想要用 8 毫米胶卷拍摄曾经的老师叶问的训练过程，遭到拒绝。叶问对李小龙过于欧美化的态度和想法，已经感到不适了。回到西雅图的李小龙，从佛典到老庄思想、克里希那穆提，沉迷于研读亚洲传统思想相关的书籍。

1966 年，出演电视连续剧《青蜂侠》（*The Green Hornet*），扮演日本助手加藤的角色，一次演出费 400 美元。这是首次在美国电视上展示中国功夫。他们一家在洛杉矶的高级住宅区租了一套小公寓。李小龙突然有了名气，经常出演地方广播和电视节目的嘉宾，还得到许多在游乐园和武术锦标赛表演武术的机会。勤奋的他，不会忘记给粉丝回信。但是半年后节目结束了，他发现自己已经回不去了。

1967 年，他在洛杉矶唐人街开设了第三个武术馆，坚持只针对有资质的武术家开设高水平的课程。由于打架时很可能穿便服，他鼓励不穿特别训练服进行练习。后在国际空手道锦标赛和全美公开空手道锦标赛（麦迪逊广场花园）上表演武艺。传统的中国拳法武师们用蔑视的眼神看他，他觉得难以忍受。他还研究其他武术，从日本空手道到拳击，特别

结婚时的李小龙与琳达

是反复观看年龄相仿的穆罕默德·阿里的电影，分析其动作。就这样，截拳道超越了单纯的中国拳法，成了更普遍、更具综合性的武术。

1968 年到 1969 年，为了克服经济困难，他为史蒂夫·麦昆、詹姆斯·柯本、李·马文、莎朗·塔特等人做私人教练，一次 250 美元。罗曼·波兰斯基特意从瑞士坐飞机飞来，接受训练。这些电影界的徒弟为他提供了一些饰演配角的机会。李小龙在《无敌铁探长》(Ironside)、《可爱的女人》(Blondie)、《新娘驾到》(Here Come the Brides) 等剧中饰演小角色。在《丑闻喋血》(Marlowe) 中，他扮演因同性恋被嘲笑而狂怒的亚洲武术家。由此，李小龙在好莱坞长篇电影中出道。他还在影片《超级情报员麦汉》(The Wrecking Crew) 中担任武术指导。

1969 年，李小龙策划了武打片《无声笛》(The Silent Flute)，委托斯特林·西利芬特撰写剧本。麦昆拒绝合作，詹姆斯·柯本却爽快地提出参加。但问题很多，很难取得进展。女儿李香凝出生。他以"我的明确目标"为题，写下："我，李小龙，将会成为全美国最高薪酬的东方超级巨星。作为回报，我将奉献出最好的演技，成为最优秀的演员。从 1970 年开始，我将会赢得世界声誉；20 世纪 80 年代末之前，我将会拥有 1000 万美元的财富。之后，我及家人将过上愉快、和谐、幸福的生活。"

1970 年，李小龙举刀时发生意外，伤了背，被迫休养四个月，为了止痛而用了药。考虑现实和将来，李小龙人生中第一次感到了不安。在无法训练的日子里，他撰写了关于截拳道的新书籍。因为华纳兄弟对制作《无声笛》感兴趣，李小龙带着西利芬特和柯本去了印度，为剧本寻找灵感。在机场，柯本静静地看书，他在旁边召集孩子们表演功夫和魔术。两人离心，计划受挫，因为柯本不能理解李小龙内心的焦躁。

西利芬特给李小龙带来了武打电视连续剧《盲人追凶》（*Longstreet*）的工作。李小龙为了邀请母亲来美国而来到香港，被当作国民英雄受到热烈欢迎。这是因为东南亚一带播放了《青蜂侠》。他通过青梅竹马的小麒麟，给邵氏兄弟发了简历。因为是用英语写的，小麒麟不得不帮他翻译。邵氏提出一部 2000 美元的出演费，这一合同条件只相当于一般的新人演员的程度，所以此事作罢。另一方面，《盲人追凶》的试映版被 ABC 欣然接受。

1971 年，华纳策划武打电视连续剧《战士》（*Warrior*）（日译片名《燃烧吧！功夫》），李小龙积极地提出建议与合作。他幻想着主演一名亚洲武术家，演绎在美国战胜白人的故事。离开邵氏公司成立嘉禾的邹文怀与李小龙进行出演谈判，提出两部电影出演费 1.5 万美元。李小龙因此从西海岸直接飞往曼谷，主演罗维的《唐山大兄》(嘉禾)。但李小龙完全反对罗维的做事方式，两人关系恶化。用最低预算制作的这部电影，三周内创造了三百一十万港币的创纪录收益。它不仅使新兴的嘉禾电影公司为大众熟知，而且使香港电影界一下子活跃起来。12 月，华纳通知李小龙搁置《战士》，使他大受打击。

　　1972 年，罗维的《精武门》上映，受到了前所未有的欢迎。邵氏向一跃成为明星的李小龙提出 20 万美元的合同，李小龙毫不理睬。邹文怀三次通过罗维向李小龙提出《黄面虎》的企划。李小龙没有参与，而是亲自导演和主演《猛龙过江》。出演作品中的暴力场面受到批判，他立即还击说在越南发生的大屠杀才是真正的暴力。他在九龙塘建造新居，还打造了日本庭园。以明星的身份暴露在众目睽睽之下，使他无法专心于武术，每天因无良的新闻报道而焦躁不安。在武术杂志《黑带》上，他被选为世界七大武术家之一。他还参与了小麒麟最初的主演作品《麒麟掌》。而完成的电影无论到哪里都会大打李小龙的名号，于第二年上映。

　　1973 年，得知卡里姆·阿卜杜尔-贾巴尔将来香港的李小龙，立即着手将和他的格斗场面收录在电影里。那就是即将问世的《死亡游戏》的主要内容。他还向美国的武术朋友们打了招呼。木村虽退出，但伊诺桑托来访香港。美国爆发了功夫电影大热潮。米高梅试探着与李小龙合作，遭到拒绝。李小龙主演了邹文怀和华纳合拍的罗伯特·高洛斯导演的《龙争虎斗》。李由于身体疲惫和精神紧张，过着失眠的痛苦日子。到处受到自称武术家的年轻人的挑衅和挑战。在两地双方工作人员之间消耗精力，与编剧陷入严重对立。高洛斯的妻子曾听到李小龙说"我恐怕不能迎来下一个生日"。5 月，他在嘉禾配音室突然发病，一时昏迷过去，被诊断为脑水肿。为了牵制邹文怀，他出演邵氏的试镜拍摄。在片场李小龙袭击了夸大其词道"是我让李小龙出了名"的罗维，当着众人的面破口大骂，警察到场调停。他被前所未有的孤独感折磨，体重不断下降，经常头痛。7 月 20 日，他在女演员丁佩的公寓里昏迷不醒，最后在伊丽莎白医院去世，享年三十二岁。五天后举行葬礼，吊唁者达三万人。遗体被运往西雅图，于 7 月 31 日埋葬在湖景墓园。有人说是药物中毒，也有人说是遭人暗杀，流言四起。《龙争虎斗》7月在香港、8月在美国上映，大受欢迎。在日本，12月作为春节电影上映，日本人通过银幕第一次接触到李小龙。

1974年，《青蜂侠》剧场版上映。两年间，三部主演作品陆续在日本上映。

1978年，邹文怀再次起用罗伯特·高洛斯作为导演，使用替补角色，将《死亡游戏》制作成了与原版完全不同的作品，并于第二年公开，在全球获得3亿美元的收益。

1993年，皮埃尔·伯顿采访生前李小龙的视频被发现。儿子布兰登·李在《乌鸦》拍摄中意外死亡。

1993年，罗伯·科恩导演了《李小龙传》。

1997年，在女儿香凝的主持下，振藩截拳道总会在美国成立。

1999年，李小龙被《时代》评为"20世纪的英雄与偶像"，他是唯一入选的中国人。

2000年，香港电影资料馆举办"不朽的巨龙 李小龙电影回顾展"，一举上映他童星时代的作品。

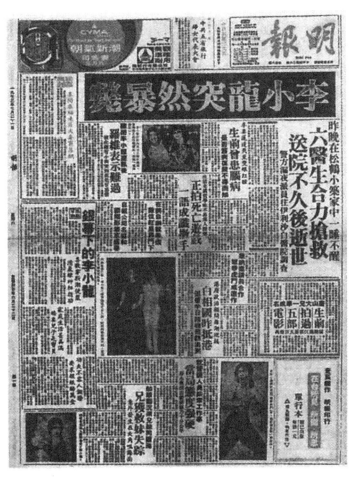

报道李小龙之死的香港新闻

第二部

《金门女》

本章节来讨论一下李小龙的童星时代。他出生于 1941 年，三个月大时出演了爱情剧《金门女》的婴儿角色，到 1959 年十八岁之前，竟然出演了二十三部电影。其中主演的有六部，包括大大小小配角在内的有十七部。作为童星，这可以说是非常华丽的经历。但要从整个电影发展史的角度来理解全貌的话，首先必须了解香港和旧金山唐人街的电影发展情况等基本知识。这是因为李小龙原本是旧金山的华人，也就是居住在海外的中国人后代，他的父亲是有名的粤剧演员。

法国卢米埃尔兄弟于 1895 年首次公开了他们发明的电影放映机，两年后，即 1897 年，香港引入了这一设备。与日本首次使用电影放映机在大阪播映是同一年，比上海晚了一年。1898 年，西方人在香港拍摄电影。这方面的情况虽然有一些时差，但可以说几乎和日本处于同一时期。

不过，香港人制作电影起步较晚。东京于 1898 年，北京于 1905 年拍摄第一部电影。1909 年梁小坡的《偷烧鸭》是香港制作的第一部电影。但这只是一部尝试性的短篇，真正在摄影室完成电影制作，是在 1921 年黎民伟和弟弟成立了第一家名为"民新"的电影公司之后。黎民伟被称为"香港电影之父"，他非常敬重孙文，提倡制作三民主义色彩的电影。他相当于日本的牧野省三。1924 年，他取材于清朝的志怪短篇集《聊斋志异》，制作并主演了香港第一部长篇电影《胭脂》。在民新的刺激下，大汉、光亚、两仪等电影公司相继出现。之后，香港电影界把上海看作竞争对手，谋求电影事业的发展。

1930 年，黎民伟找到合作者，在香港成立了第一家好莱坞风格的制作公司——联华。大观、天一、南粤、全球紧随其后，在之后的五年间制作了超过一百部的电影，其中包括《新青年》《生命线》《抵抗》等具有艺术自觉的作品。日军侵华期间，上海电影人避难来到香港，给了香港电影界很大的影响。1937 年，蔡楚生和司徒慧敏来到香港，极大地提高了电影作品的质量，同时鼓舞观众的爱国心，号召大家共同抗日。从 1941 年日军占领香港至电影停止制作为止的四年间，共拍摄了六百多部电影。

20 世纪 30 年代中期，香港电影获得了话语权。从那以后，九成的作品使用粤语，即粤语片，这在考察香港电影史方面是极其重要的。

这里请允许我说一些离题的话。在日本，一般习惯将北京使用的语言称为中文，这在中国被称为"普通话"或者"北京官话"。与此相对，广东、四川、上海、福建等地方各有自己的语言，它们超越了日本所说的方言领域，特征上可以称为各种独立的语言。举个例子，将北京官话中的"我是日本人（wǒ shì rì běn rén）"译成粤语的话，就会变成"我係日本人（ngo5 si6 jat6 bun2 jan4）"，书写和发音有很大的不同。顺便说一下，本书的主人公李小龙虽然粤语和英语都很流利，但几乎不会说普通话。他只会用英语写简历，为此遭到香港电影人的批判。

在战前，上海电影采用了北京官话，中国全境乃至海外市场都通用。与此相反，采用粤语的香港电影在市场上处于极为不利的地位，其主要发行地被限定在广州。由于客家话和潮州话的存在，粤语电影也很难在广东全境普及。虽然是极少数，但仍保留着使用这种语言制作电影的记录。当抗日战争最激烈的时候，为了加强国内统一的抗日情感，粤语片的制作遭到禁止。另外，1940年教育电影协会开始了"电影清洁运动"，根据民间故事拍摄妖魔鬼怪的电影制作遭到禁止。

　　20世纪30年代后期是香港电影产业发展飞速的关键时期，同时也是到现在为止还存在的南北问题变得更加显著的时期。这是香港电影史上的特殊问题，所以我想在这里进行讲解。

　　众所周知，在亚洲各地区，电影放映机作为象征西方近代文明的光学装置被引进，并受到欢迎。对占观众大部分的平民来说，那正是欧美文化本身。但同时，亚洲电影从以前的大众演艺中借用了很多素材，通过继承观众与娱乐场所，将电影产业发展壮大起来。这种双重结构在亚洲各处导致了欧美和亚洲、近代和现代的对立。日本电影采用京都历史剧的形式来对应东京现代小市民电影。上海电影、香港电影也一样，从好莱坞寻找灵感，制作描绘都市生活的情节剧和翻拍现有的京剧、粤剧。暂且先把这种双重结构称为亚洲电影中的东西问题。在香港，这个问题尤为严重。一方面，与中国其他地区相比，香港更早接触现代西方，即使有点消化不良的倾向，也在努力尝试接受它。另一方面，近代邻近广东的地区比较顽固且愚昧，这种风气阻碍了电影产业的发展，所以不得不绞尽脑汁调解这两者的关系。

使香港电影史更加复杂的是，除了这个无处不在的东西问题以外，还存在着南北问题。即受到英国殖民统治的香港和内地之间的文化差异问题。两者与前述的语言差异问题截然不同，还存在着政治文化隔阂。30年代中期上海电影人流亡到香港是南北问题产生的第一个征兆。之后的香港在战时和战后，逐渐成为被日军等政治军事势力流放的电影人的避难场所。但是，这使得本来在当地制作粤语片的电影人和制作公司以及观众，也得面对南北之间这一棘手的问题。

那么，接下来就简单说说华人在旧金山的电影制作情况。

1848年，在墨西哥割让给美国之前的加利福尼亚，发现了金矿。因此，当时人口稀少的村落旧金山突然作为城镇发展起来了。想要暴富的人争相拥向这个城市，清朝时代的中国人也不例外。他们称这个城市为"金山"，越过太平洋，涉海而来。大部分人是从广东珠江三角洲南部外出打工的民工。据说从19世纪30年代到20世纪20年代，移民出国的中国人大约有三百万人。(13)

旧金山最早的西方戏剧剧团是1851年从澳大利亚过来的。第二年，即1852年，粤剧剧团就渡海演出了。自此，粤剧在美国以旧金山为据点发展了起来。尽管长期存在种族歧视问题，以及 1906 年发生了大地震，但粤剧还是牢牢抓住了贫困移民的情感，为广东文化扎根异国发挥了象征性的作用。

1924 年，国语剧场、大华剧场、粤剧专业剧场相继开设。梅兰芳等知名演员从香港和广州出国，展现艳姿的同时，出生于当地的新一代广东裔美国人也是人才辈出，新演员不断涌现。他们不像京剧（北京歌剧）那样拘泥于传统，而是一边自由地从好莱坞电影中获得素材，一边给粤剧带来新的元素。他们还积极地为华人制作的电影提供情节，并参演其中。这个时期虽然资本较为薄弱，但中国人掌控的无声电影制作公司已经有三家，遗憾的是它们的存在时间都很短。李小龙的父亲李海泉就是相关人士之一。他当时位居粤剧四大名丑之列，其喜剧性的表演受到观众热烈的欢迎。

顺便一提，1947 年奥森·威尔斯在丽塔·海华丝主演的《上海小姐》（*The Lady from Shanghai*）中登场。这部电影最后的十五分钟，不仅展现了导演对巴洛克的兴趣，也是窥探当时唐人街氛围的宝贵影像。不少大观的演员决定协助这部电影。遗憾的是，此时李海泉一家已移居香港，电影中没有出现他的丑角表演。但是我们至少可以从威尔斯的作品中想象李小龙出生地唐人街的氛围。

这里先说说和旧金山有缘的两个电影人——关文清和伍锦霞。(14)

关文清(1894—1995)出生于广州,年幼时与父母一起去了旧金山。20世纪10年代前往刚成立的好莱坞,从厨师到临时演员,他一边从事各种各样的职业,一边继续作为电影人修学技艺。格里菲斯拍摄《残花泪》(*Broken Blossoms*,1919)时,他作为中国人给予了一些建议。之后,他从上海来到香港,在香港正式参与了第一部影片《胭脂》后,又在联华和南洋导演了几部电影。20世纪30年代后,关文清到北美从事抗日纪录片、上海情节剧的发行工作。他以旧金山为据点,在新奥尔良、纽约、温哥华等各地的唐人街游走,向电影院发行上海电影、香港电影,建起了强大的网络。这些基础工作为战后香港电影向世界各地唐人街的发行,发挥了很大的作用。

1933年,关文清与搭档赵树荣合作,在旧金山唐人街成立了大观(Grandview)电影制作公司。他们起用当地粤剧团的演员,导演了一部名为《歌侣情潮》的电影。内容是粤剧翻拍的恋爱故事,收纳大量歌曲和舞蹈,摄入金门桥等观光

名胜地。这部作品在居住于北美唐人街的移民观众之间获得
了很高的评价。从美国电影史的角度来看，这是首部生动描
写华裔美国人生活的电影，也许可以和同一时期往返华沙和
纽约的约瑟夫·格林拍摄的意第绪语电影相比。

　　1935 年，两位电影人前往香港，向联华传授好莱坞独
家的最新拍摄技术和录音技术，并把大观迁至香港，导演了
《生命线》。这是香港第一部救国抗日电影，主演是吴楚帆。
顺便一提，吴楚帆在 20 世纪 50 年代频繁饰演李小龙的父亲
角色。关文清后来还拍摄了侦探剧、历史剧和喜剧。从 1939
年他再次回到旧金山，至 1945 年为止，又导演了约二十部作
品。1940 年的《华侨之光》，讲述了一位中国移民经过长达
三十年的艰苦工作后，在旧金山建立家庭的故事。这部电影
使用了彩色胶片，尽管只有一部分。之后，关文清隐退，在
香港过着悠闲自在的生活。1995 年，九十九岁高龄的关文清
突然出现在香港电影节上，受到了热烈的喝彩。

　　另一名电影人伍锦霞（1914—1970）出生于旧金山，是
第二代移民。她的英文名 Eng 是来自于向美国人解释"伍"
的粤语发音"ng"。在女性尚未普遍进入好莱坞之前，研修电
影的伍锦霞在国语剧场工作，并在 1936 年共同导演《心恨》

（别名《铁血芳魂》），受到了关注。负责摄影的是《西线无战事》（*All Quiet on the Western Front*，1930）的保罗·伊瓦诺。这部情节剧和日本的《泷之白线》也有相通之处，在此介绍一下剧情梗概。

身为粤剧剧团年轻女影星的芳，因为一个偶然的机会，和接受飞行员训练的华裔美国人李相爱了。但在长辈的忠告下，为了让李作为救国空军士兵出征，她哭着放弃了这段感情。李家庭没落，付不起训练学校的学费。芳不辞辛劳地在舞台上表演，由此秘密地继续为李支付学费。顺利成为飞行员的李回到祖国，出色地立下战功，并作为抗日英雄返回旧金山。芳知道李已经有了美丽的妻子，她还没来得及说出自己所做的一切就病倒了。知道真相的李赶到她的枕边，芳在他的怀里去世了。

主演《心恨》的韦剑芳是国语剧场的粤剧女演员，当时的新闻报道赞誉她为"中国的莎拉·伯恩哈特"。这部加入了大量歌曲和舞蹈元素的作品大受好评，伍锦霞马上被邀请至香港，接连不断地导演了《民族女英雄》《十万情人》《妒花风雨》《女人世界》等电影。她喜欢拍摄低成本的 B 级片。遗憾的是，电影《心恨》没有留存至今，但通过梗概大致可以推测，本作品以独立自主的女性为主人公，讴歌男女平等（主张女性也能成为救国英雄），支持对戏剧的热情和民族主义。1939年，伍锦霞返回旧金山，因为当时香港电影界禁止制作粤语片，并且战火将至。伍锦霞回到故乡，在1941年发行了李小龙首次出演的作品《金门女》，该影片由大观制作。我想有些读者会觉得奇怪，为什么一直没有说到李小龙。那是因为，如果不说这么长的开场白，就无法理解李小龙三个月大时参演的电影的意义，还请读者见谅。

《金门女》的主人公是住在旧金山唐人街上一个名为何倩影的女孩。扮演者是年轻的曹绮文。关文清饰演的鳏夫父亲对女儿净看粤剧感到很气愤。其实倩影和剧团的明星男演员王飞天是两情相悦的关系。有权势的父亲给剧团施加压力，解雇王飞天，强行将他赶回中国。不过倩影已经怀了他的孩子，在悲痛中生下女儿就去世了。李小龙扮演的就是这个婴儿角色，因为本部电影未能保存至今，只能自行想象了，估计李小龙只有两三个镜头吧。这个婴儿是被倩影父亲以前的女用人抚养长大的。

随着岁月的流逝，婴儿长大了，成了一位非常美丽的女孩，非常像她母亲。当然长大的女孩也由曹绮文饰演。她也继承了母亲的秉性，对舞台充满了热情。当时，她遇到了为了出演抗日剧而来到旧金山的王飞天，知道了出生的真相。最后她和王飞天原谅了充满后悔、过着孤独人生的祖父，解开了多年的心结。

根据至今为止的资料，《金门女》为关文清执导的作品。[15] 但如今非常明确的事实是，关文清只是负责制作、编剧和出演，而当时二十六岁的伍锦霞则光荣地担任了导演一职。这一作品体现了伍作为文艺工作者一贯的主题，即对舞台的热情、爱国心以及女性的自主权，这三个要点形成了有趣的三位一体。《金门女》已经向我们证明了一个事实：李小龙还没懂事就已早早地被置于香港电影界的环境中，作为童星有着出色的表现。这部电影在北美唐人街受到高度评价，曹绮文被报纸评为"中国的玛丽·碧克馥"。

第二次世界大战后，伍锦霞在《蓝湖碧玉》（1946）中以加利福尼亚为舞台，讲述了一位男性移民与一名小学教师遗孀的悲情故事。以夏威夷为背景的《怒火情焰》（别名《荒岛留痕》，1949）中，一位中国船长爱上了夏威夷的华裔少女，并把她带回故乡，这是伍锦霞作为长住美国的华裔女导演，以极其独特的视角拍摄的。据报道，伍锦霞 1949 年仅三十五岁就从电影界隐退，将生活据点转移到纽约唐人街，经营着好几家中餐馆，总是不惜钱财援助从香港来的粤剧剧团。她和自己在银幕上刻画的女性们一样，可以说一生都没有丧失对舞台的热情。作为一名女导演，伍锦霞在 20 世纪往返于好莱坞和香港，不断描绘着女性自我牺牲和自强自主的故事，这在电影史上是独一无二的。

伍锦霞让李小龙的出道成为可能，这一点恐怕生前的李小龙自己并没有意识到，想来这是一件颇有意思的事情。

以上是李小龙首次出演电影的情况。尚在襁褓中的他很可能只有短短几个镜头，然而现在影片已经丢失，也无法确认。但是，在那几个镜头拍摄之前，我们一定要牢记这里讲述的好几位电影人的故事。负责制作和编剧的关文清是出生于广东的移民，是第一代在好莱坞学习的中国人。导演伍锦霞是旧金山出生的第二代美国华侨，作为导演出道之初就起用了有名的白人摄影师。《金门女》的故事也是第一代华侨和第二代华侨之间的对立，从这个意义上来说，关文清亲自扮演年老孤独的父亲，可以说是件意味深长的事情。而且，幼子李小龙饰演的婴儿是第三代华侨，又被赋予了协调第一代和第二代之间的对立的使命，并承担着构建新时代华裔社会

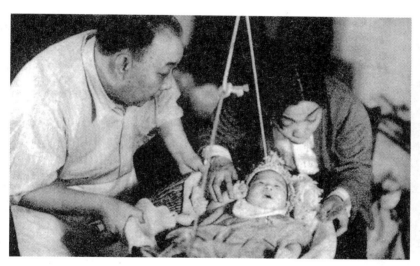

李小龙最初参演的《金门女》

的期望。之后李小龙是否看过《金门女》还不清楚，与伍锦霞邂逅时是否讨论过相关话题也并不可知。但是，这部现已丢失的电影的轶事，似乎预示着他命中注定会成为活跃在香港和好莱坞的演员。我们会在本书的后续部分了解到那是一条艰难的、充满屈辱和挫折的道路。

20 世纪 50 年代的香港电影界

　　无意中在《金门女》里首次出演婴儿角色的李小龙，半年后，也就是 1941 年 7 月，与家人一起搬到香港，在九龙半岛尖沙咀弥敦道 218 号李海泉的旧居安顿下来。非常不幸的是，五个月后香港被日军占领。

　　按照美国采取属地主义的原则，在美国出生的孩子，会被授予美国国籍。李小龙在 1959 年迎来十九岁生日之前离开香港，登上开往旧金山客船的理由之一，便是害怕失去天生获得的美国国籍。但是不难想象，这样的条件给他从小作为中国人的自我身份认同投下了微妙的阴影。

　　李小龙在香港作为童星活跃起来，始于 1948 年出演俞亮的《富贵浮云》(爱群)。很遗憾这部电影也没有保存下来，李海泉作为配角出演。可以推测一下，这位知道电影需要童星的父亲带着八岁的儿子去了摄影棚，其聪明的天性或许正好被导演看中了。电影海报上写的名字是"新李海泉"，很快大家都知道这位是李海泉的儿子。最不可思议的是，在字幕上他的名字叫"李鑫"。

1949 年，李小龙的出演作品有《梦里西施》（导演蒋爱民，银鹰）、《樊梨花》（导演毕虎，兴隆）两部。前者是以著名粤剧演员廖侠怀为主角策划的，儿童角色的名字叫"小李海泉"。后者和《富贵浮云》一样写着"新李海泉"。因为这是根据父亲这一著名丑角而起的名字，所以很可能给李小龙的角色也是富有喜剧性的吧。这让我突然想起喜剧大师巴斯特·基顿在童年时代，打扮得与作为喜剧演员成名的父亲一样，并与父亲一同登台，受到了观众的喝彩的故事。

说到 1950 年初上映的《花开蝶满枝》（和《富贵浮云》一样由俞亮执导），儿童角色的名字变成了"李敏"，似乎反映了李小龙与生俱来的敏捷。电影海报还写着"神童小李海泉"，从这里也可以看出这位九岁少年的演技是非常出色的。这样一来，李小龙离主演只差一步之遥。事实上，1950 年 5 月上映的下一部作品《细路祥》，终于让他在九岁时登上了主演的宝座。这是他第一次使用"李龙"这个艺名。之后，他以这个名字，作为有名的天才童星，尽情奔走于 20 世纪 50 年代的香港电影界。

在这里，我想在提及李小龙的各部出演作品之前，先简单地谈谈从 1945 年到 1960 年的十五年，香港电影处于什么样的时代，以及李小龙合作的电影公司和共演的演员们在同时代的电影界中处于怎样的位置，等等。

1945 年日本战败，香港解放后，翌年即 1946 年，上海流派的大中华影片公司便快速成立了。大中华开始专门制作以向大陆出口发行为目的的国语片（北京话电影），其中有些甚至不在香港上映。很多导演、作家、演员从上海来到香港，国语片的电影公司纷纷迁徙至此，北方电影公司完全控制了香港影界。而粤语电影人回香港找不到工作，即使是吴楚帆这样有名的演员，也不得不使用不熟悉的北京官话出演国语片。不过很快粤语片的风潮又卷土重来。大观带回了战时在旧金山制作的 16 毫米胶片作品，渴望粤语片的观众蜂拥而至。趁着这个势头，到 1947 年，粤语片的制作公司如雨后春笋般林立。虽然有些作品粗制滥造，但它们的优势在于与香港观众和本地大众文化有着密切关系。他们和战前一样拍摄改编的粤剧、喜剧、家庭情节剧和武术电影。战后受国语片的影响，也开始制作间谍片和侦探片作品。

20 世纪 40 年代后半期，制作国语片的北方电影人，由于各种各样的原因离开了上海。其中，既有像日据时期的亲日派张善琨那样因国民党占据上海而不得不出逃的左派分子，也有迫于追击而前来避难的右翼分子。他们的共同之处是将香港视为临时住所，而没有融入香港当地文化。他们的作品，总是把某个地点不明的中国城市设定为舞台，体现出鼓舞民族主义的观念。例如，1948年永华制作的大作《国魂》以史诗般的风格宣扬民族主义，长城制作的情节剧充满了对北京和上海的怀旧情感。笔者也在很久以前，在电影节的回顾上映中看过，但对其中朗朗上口的布道口吻惊叹不已。来自北方的电影人在1949年提倡电影革新运动，主张禁止反国家、反社会内容的电影，呼吁通过电影来教育大众。北方流亡来的左派知识分子创设的新闻杂志也对此表示支持。他们拍摄教育性的情节剧，又或者把用国语编写的文学名作拍成电影。之所以都使用国语，是因为他们以内地为市场而制作影片。

但是，1949年中华人民共和国成立，对包括左派香港电影在内的外国电影的上映设置了严格的限制，内地电影市场的关闭引发了香港电影界的巨大变化。众多难民来到香港，社会处于极其混乱的状态。冷战体制的激化迫使国语电影人做出政治立场的选择。在这一系列变化中，永华衰落，取而代之的是在新加坡发展起来的国泰。

进入 20 世纪 50 年代后，粤语片方面由于资本薄弱，继续制作低预算的作品。但受到国语电影的影响，有抱负的导演、演员、制作人之间出现了改革的趋势。1952 年，战前的大电影公司大观衰落，同一时期，由二十一位电影人组成的中联在粤语片制作中占据主导地位。数量最多的独立制作公司规模小，还强烈地保留着家庭工业的特点。20 世纪 50 年代后期，邵氏和国泰建设了前所未有的大规模摄影场地，直到将电影制作发展成产业为止。两家大公司虽然以国语影片为中心，但主要着眼于制作基于香港现实的娱乐电影。在结构改革完成后，香港持续推动电影产业的发展，直到和日本一样，电影制作数量达到世界之冠。1959 年这一年间，香港制作了近 450 部电影，数量与第二年日本制作的 547 部一齐昭示着亚洲的电影产业发展到了顶峰。

50 年代是香港在政治、社会上发生巨变的时期，香港在日常生活中的西洋化程度较低，到处洋溢着传统的广东文化。香港真正接受西方文化，展现出独特的国际化是 60 年代以后的事。可以说，50 年代的粤语片，在考察香港电影和传统文化的关联性方面有着极其重要的意义。

但是两大电影公司称霸市场，将弱小的粤语片势力逼到了更边缘的位置。整个 60 年代，粤语片苦苦挣扎，一时几乎濒临消失。香港人终于感受到粤语片的卷土重来，是在 1976 年许冠文的《半斤八两》系列出现以后。

李小龙作为童星出演的电影公司，在粤语片和国语片的对立中处于什么样的位置呢？可以想象，只要是胶片摄影，李小龙参演过的所有电影制作公司时刻都在变化，不断有公司像泡沫一样消失。我想对主要的公司进行说明。

首先是大观。上一章也提到过，摄制《金门女》的这家公司，是 1933 年在旧金山由关文清和赵树荣设立的，战后得到了飞跃性的发展，以最大的粤语片制作规模而闻名。大观秉承老字号的风格，不拍暴力和性方面的电影。另一方面，它积极着手技术革新，最早从美国引进彩色电影、宽屏，甚至 3D 电影。但 1950 年内地市场封锁时，大观受到巨大打击，作品数量明显减少。1951 年李小龙主演的《人之初》几乎是最后的作品，事实上 1954 年大观就完全停止了电影制作。

摄制《细路祥》的大同、《慈母泪》的红棉、《孤儿行》的天公等公司与大观相比，历史较短，规模也更小，电影都是独立拍摄的。这样的公司好像在极短的时间内就消失了，现在掌握其实际情况绝非易事。值得注意的是中联，童星李小龙从 1953 年到 1955 年在这家公司出演了《苦海明灯》《千万人家》《危楼春晓》《爱》《孤星血泪》《儿女债》六部作品，都是影响力很大的情节剧。

前面也提到过，中联是 1952 年参与粤语片制作的二十一名电影人聚集在一起成立的电影制作公司。其成员有吴楚帆、白燕、张活游、紫罗莲、李清、容小意、黄曼梨、梅绮、小燕飞、李晨风、吴回、秦剑、李铁、王铿、陈文、朱紫贵、刘芳、红线女、马师曾、珠玑、张瑛等演员、导演和编剧。他们改善了以往粤语片制作的近代雇佣合同关系，本着自我管理的精神，希望创造品质更高的艺术电影。这二十一个人在没有外部资金援助的情况下成立公司，在公开讨论后，决定降低演员的演出费。战后，粤剧演员的演出费直线上升，制作费也水涨船高，不过这是解决作品质量下降问题的对策。公司运营是根据这二十一人民主协商决定的，吴楚帆担任主席。1952 年，借停业中的大观摄影棚举办了中联成立仪式，这标志着香港粤语片正在更新换代。中联在第二年，也就是 1953 年摄制了改编自巴金的《家》，获得了高度评价，为因粗制滥造而臭名远扬的粤语片提高质量做出了很大贡献。1955年 1 月为纪念中联成立两周年，分前后篇四小时的大作《爱》

发行上市。二十一人都参加了这部由五个短篇构成的集锦作品。中联的导演和演员们最认可李小龙的天分，并帮助他提高资质。

不过，这家电影史上划时代的制作公司的辉煌时期只不过是几年光阴。到了 50 年代后期，有的成员成立了独立的分公司，有的成员加入了新成立的公司，中联实际上已经停止了发展。其中一些公司与李小龙的作品有关，吴回担任艺术监督的华侨电影公司就是其中一例，《雷雨》就是在华侨摄制的。华侨也以制作高质量的电影为目标，和其他三家制作公司一起，在制作和发行两方面为了保护制作公司的权利而团结起来，组建了"四大公司"联盟，后来发展成为"八大公司"。

李铁、秦剑、李晨风等导演是中联的成员，接下来对他们进行介绍。

李铁于 1913 年出生于香港，在上海的戏剧学校学习。他的国语带有很重的广东口音，所以他放弃了成为演员，想要当一名导演。他不喜欢拍得太快，即使截止日期迫近也能冷静地重新拍摄，因此被周围人当作奇人。其实他很热衷于研究，经常去好莱坞电影的放映馆，用照相机拍摄画面，然后在家对构图、照明、运镜等进行研究分析。他个人喜欢卡赞（Elia Kazan）和怀尔德（Gene Wilder），不喜欢太简单的换场方式。他最擅长描绘生活在社会底层的平民。《天长地久》（1955）讲述了与酒店老板女儿结婚的男人，对贫困的出身感到自卑而烦恼的故事。《火窟幽兰》（1860）中，被陷害而长期入狱的男子出狱后回到自己原来的家，隐藏父亲的身份向儿子说明自己的无辜。儿子因病紧急住院，为了住院费用，女儿沦为妓女。最后，父亲亮明身份，再次入狱。李小龙在李铁执导的《危楼春晓》中，出色地演绎了一个勇敢地注视苦于生计的父亲的贫困少年。

秦剑虽然不像李铁那样个性强烈，但他是一位善于根据现实，以沉稳巧妙的叙述拍摄情节剧的导演。他把变焦和特写看作人为因素而予以排除，画面从不让人觉得虚伪浮夸。他擅长通过动作细节来描绘人物，展现爱情。就像《难兄难弟》（1962）那样，虽然喜剧场景接连不断，看完后却给人留下非常真实的悲情印象。李小龙出演了《人之初》《苦海明灯》《慈母泪》《儿女债》四部作品。在《苦海明灯》中他饰演一位流浪孤儿，所穿的衣服随着镜头切换变得破烂不堪；在《慈母泪》中，年迈的母亲坐在窗边沉溺于过去的回忆，不知不觉睡着的时候，长大成人的儿子轻轻到来，这些场面都很棒。也许他可以和日本的成濑巳喜男相提并论。60年代，秦剑接受邵氏的聘请而活跃起来。

李晨风在广州的广东戏剧研究所学习文学和戏剧。来到香港后，从1949年开始从事电影导演的工作。他在漫长的一生中导演了约六十部电影。香港电影研究者高思雅写道，他"让人想到乔治·库克的风格"，并送他"女性导演"的称号。[16] 他非常热衷于情节剧，特别是在以女性的坚忍不拔为主题时，发挥得最为出色。与李铁一样，他坚持不懈地研究构图和剪辑，用华丽的摄影技术来取悦观众这一点是公认的事实。他一贯认为，香港电影过于侧重情节和戏剧性，疏于细致地描写登场人物的性格。李晨风在文学作品的电影化方面也表现出了高超的本领。其中不仅有《春》(1953)、《寒夜》(1955)等五四运动以后的中国小说，还包括《安娜·卡列尼娜》《女人的一生》的改编，还有源于潮剧的朝鲜情节剧《春香传》。另外，他以真实存在的中日混血僧侣为主人公拍摄了《断鸿零雁记》(1955)，受到了高度评价。执导了李小龙童星时代最后作品《人海孤鸿》的，就是这位李晨风。

最后，我想说说和李小龙合作最多的两位演员。他们两个都是参与中联组建的人物，凭借始于战前的悠久经历，在当时粤语片影圈内名列前茅。

吴楚帆最初在上海出演无声电影，1935年大观在香港制作第一部抗日电影《生命线》时，他因扮演主角而出名。这是一部描写从事铁路建设的中国内地青年们的抗日热情的作品。之后，他主演了伍锦霞的《十万情人》(1938)，饰演一位把母亲和妻子留在乡下，来城市求职的青年角色。电影中，他接连认识了几个女人，并受到其中一人父亲的庇护，但当得知对方是自己的亲妹妹时，他回到乡下与妻子复合。这样的演艺经历把吴楚帆推上了粤语片男演员的首座。战后，他在饰演一个无法治愈过去的中年男人时，其角色独特的内涵将影片的气氛推向了高潮。在《寒夜》中，他饰演了一个虽然好不容易娶了媳妇，但对母亲唯命是从，最后导致人生失败的无能男人。

说到与李小龙的关系，以《人之初》为开端，吴楚帆和李小龙共演了六部作品。吴楚帆在《苦海明灯》中扮演加入黑帮、好赌的养父。在《千万人家》中，扮演李小龙的伯父、资产阶级家庭的长子。但最引人注目的是以《危楼春晓》为首的三部情节剧，他在这些作品中扮演李小龙的父亲。

在《危楼春晓》中，吴楚帆扮演的是落魄的理想主义知识分子，一家人住在破旧的公寓里。他因绝望而抛下家人上吊自杀。李小龙在父亲面前表现得很顺从，但由于自己发出的警告没受到父亲重视，流露出了十分悲伤的神色。在《孤星血泪》中，吴楚帆扮演一位被陷害入狱的中年男子，越狱时偶然被儿子救下。在故事的最后，他证明了自己的清白，与身为医生的儿子团圆。《人海孤鸿》中，吴楚帆饰演的是在日军空袭中失去妻儿、战后一直在悲痛状态下经营孤儿院的中年男人，他发现在街角偶然遇到的不良少年竟是他的亲生儿子。吴楚帆扮演的角色都有共通之处，即意外丧失曾经作为知识分子的体面而富裕的生活、安于逆境的父亲。他和儿子长期分离后难以互相理解，也听不到儿子的心声。但是在最后的两部作品中，两人得以和解，结局圆满。

如果吴楚帆饰演父亲，与其演对手戏、扮演李小龙母亲的则是白燕。这位女演员非常适合饰演香港妈妈的角色，她的眼神和微笑中充满着慈爱和温柔。除了饰演温柔母亲以外，在饰演为保护家人而战斗的坚强女性角色方面，也没有人能比得上她。

1920 年出生的白燕，十六岁时，差点被迫与不合心意的人结婚，她将其拒绝后进入电影界。1940年出演《蝴蝶夫人》。在二十八年的演员生涯中她出演了二百五十部电影，传闻称她是香港最忙的演员。战后，她依然出色地扮演为封建习俗烦恼、担心自己孩子前途的妻子等角色，是聪明、富于自立心的"好女性"，并不是如日本的三益爱子饰演的那样，盲目地将感情倾注在孩子身上的没文化的母亲。在《败家仔》（1952）中，她饰演了一位在懒惰的丈夫和高傲的婆婆之间受苦的妻子。她一度决定离家出走，但因公公从美国归来，得以解除误会，成功地构筑了幸福家庭。另外，在《寒夜》中，她扮演对没有生活能力的丈夫感到绝望、为了养育孩子而到银行工作的妻子。在《可怜天下天母心》（1960）中，她扮演为了失业的丈夫和上街乞讨的孩子们，孤军奋斗打算重振家庭的妻子。如果她在战后的东德演电影的话，布莱希特的《勇敢的母亲和她的孩子们》应该非常适合她吧。

在银幕上白燕总是扮演李小龙的庇护者。在《雷雨》中扮演前女佣。在《苦海明灯》中，饰演收容流浪儿的盲人儿童保护院的院长夫人。在《人海孤鸿》中，她是在吴楚帆的孤儿院教书的温柔寡妇。上述电影中她都扮演着由于自己没有孩子，作为代偿而照顾孤儿的角色。李小龙最初对她表示

白燕，永远的母亲

强烈的抗拒，但后来渐渐被她的慈爱感化。

1959 年至 1960 年，吴楚帆和白燕在李晨风的导演下共出演了四部电影。在《豪门夜宴》中，吴楚帆扮演大富豪，他举行了一场盛大的宴会来炫耀妻子白燕的巨大钻石。当得知其商业竞争对手也在同一天举行宴会时，他显得惶恐不安。最后，他听取了继父"应以朴素生活为美"的劝诫。在《人伦》中，白燕因婆婆溺爱丈夫的前妻之子而感到苦恼。这时，这个家的原主人吴楚帆出现了，坦白了自己从小被宠坏的人生。白燕立即建议丈夫要重视孩子教育。《虹》讲述的是白燕遵从父亲之命被迫和吴楚帆结婚而感到烦恼的故事，但竟连她的恋人都对此事表示赞成。恋人在抗日战争时受伤，现在时日无多。白燕知道吴楚帆不仅玩弄女性，而且是汉奸，因此逃回恋人身边。《人海孤鸿》就是在这一系列吴楚帆与白燕的演艺生涯中，在《人伦》和《虹》之间拍摄的电影。当时正值香港电影产业发展到顶峰，每年的制作数量也达到巅峰的时候。李小龙在香港电影的顶峰时，以这部作品为告别之作，离开了香港电影界。

《细路祥》和《苦海明灯》

　　《细路祥》是李小龙正式作为童星出道的作品，其天才般的机敏得到了高度评价，可以说是具有纪念意义的电影。这部影片上映于 1950 年 5 月，当时他只有九岁。

　　"细路"是指胡同，这个标题意指胡同里有一位叫"祥"的孩子。

　　这部作品以漫画家袁步云在报纸上连载的四格漫画为基础改编而成。20 世纪 40 年代末，人潮涌入香港，在混乱中袁步云描绘了生活贫困而厌恶权威、有着自己喜怒哀乐的小人物，得到了很多平民的支持。沙尘超、细路祥、柳姐、飞刀李、刀蛮小姐等出场人物的名字几乎都是绰号，是依据他们的性格和特长取的。虽然电影构思了新的长篇故事，但是上述这些人物在作品中经常露脸。在日本，50 年代市川昆在东宝拍过《浦桑》，也许那时候正值报纸上的连载漫画向电影界提供素材，此一事态呈现泛亚洲化的时期。

　　话虽如此，但要收集那个时代的漫画资料是非常困难的。

在写本书的时候，我问过香港的所有朋友是否有《细路祥》的漫画，得到的都是否定的答复，又问了几个博物馆和资料室也是如此。虽然是耳熟能详、令人怀念的漫画，但实际上没有人将它保存下来。由此我充分体会到，亚文化的研究，与高雅文化的研究不同，瞬息之间相关资料就会遗失。但从结果来说，我竟以意想不到的方式获得了复刻版，就把其中八格漫画刊登在本书的第70—71页上吧，台词自然是粤语。

《细路祥》的开场是用漫画描绘的主人公——一个少年的脸，配上字幕背景。平头顶、头发有点翘，瞪着眼睛，嘴唇紧闭。看起来活泼聪明，脸很可爱。事实上，这些都是以随后登场的九岁李小龙为蓝本绘制而成的。

紧接着是在工厂铸造钢铁的镜头，屏幕上出现"钢铁既能成为毁灭世界的武器，也能成为使人幸福的机器"的字幕。这是以青少年的教育和启蒙为目的而制作的。奥斯特洛夫斯基的社会主义现实小说中，有一本题为《钢铁是怎样炼成的》的作品。如今在日本虽然完全被遗忘，但也曾进入过岩波文库，作为成长小说被广泛阅读。为了论述如何教导孩子向善而提出炼钢的比喻，在当时的香港很是流行。五年后李小龙出演的《孤星血泪》也同样是从铸钢场景开始。

"苏妹，好久不见了"
"哎呀！细路祥，你什么时候回来的?"

"一阵子不见你了，你没胖也没瘦!"
"我到乡下的爷爷家养牛去了，大开眼界!"

"祥仔，你今天回来，不如我请你去看电影吧!"
"啊?！你请我看电影?"

"这部电影里的小孩演戏很不错!"
"那些我也会!"

"你也会？那怎么不去演？"

"我除非不演，一演就要做大明星。"

"你口气真大。电影界是好进的啊？"

"你看不起我？"

"制片厂里我有大把朋友，不怕没戏拍！"

"吹牛！"

"你如果不信，现在我就带你去看人拍戏！"

"真的啊？"

但是，这个严肃的字幕背景之所以有趣，是因为接下来切换成了庆祝"儿童福利协会"成立的演讲会的镜头，留着络腮胡的绅士穿着黑色中装，就儿童教育理念发表了演说。洪百好经理是有钱人，一方面经营服装工厂，另一方面也忙于社会事业。明明没有威严却装作威严，显得十分滑稽，扮演者是李小龙的父亲李海泉。在日本让人联想到大泉滉。洪百好大声说着"将来我们将设立免费的福利学校……"之类的好听话，得到听众的热烈掌声。但是后来他叫来了秘书，怒问："为什么要给我那样的原稿？我莫名其妙就读完了！"将其解雇。这位洪百好带着随从，为了确认儿童福利的现状而到访的正是细路祥的贫民窟。

细路祥很早就失去了父母，带着弟弟和妹妹投靠叔叔。虽说叔叔算是个知识分子，但是单身又没有什么工作，总是一副穷酸样。因此，细路祥为了养活"一家"，在路边开了一家漫画租赁店，把装满木箱的漫画借给孩子们读，收取零钱，就这样开始做一些小生意。这家店的位置很有趣。楼梯往大街横向延伸，拐角处形成像洼坑一样的小空间，混凝土墙上漂亮地张贴着流行漫画的海报和画。大人们往往对这里不屑一顾，给人感觉像是空间狭小、带有神秘感的"避难所"。细路祥总是穿着一身黑褂。

　　漫画店里挤满了住在附近的孩子们，但街上聚集着周边的流氓，得意扬扬地说什么"我以前打日本人的时候啊"，不知是真的还是在吹牛。领头的是一个擅长投掷飞刀，叫作飞刀李的潇洒青年，由这部电影的导演冯峰饰演。载着洪经理的豪华私家车来到了那里，下车的人们一边说着"这里真脏啊"，一边开始视察。当然，他们与小流氓之间发生了纠纷，当时在场的一位扒手朋友趁乱从洪经理的衣服中掏走了钱包。一行人中洪经理的女儿苏妹在看漫画的时候，视如珍宝的项链也被偷了。警察了解到骚动赶了过来，细路祥敏感地察觉到事态的严重性，不得不慌忙把漫画塞进木箱，关店躲藏起来，因为他没有在路边做生意的许可证。

　　飞刀李被警察追赶，碰巧逃到细路祥住的阁楼，少年马上把他藏在柜子里，在刑警们的搜查下得以蒙混过关。"有什么困难就来找我。"飞刀李撂下此话就从窗户消失了。感激的细路祥马上用刚刚他给的飞刀开始练习掷刀。何叔叔回到那里，发现地板上有一条项链，正是飞刀李慌忙逃走的时候掉下的。被怀疑偷窃的细路祥被狠狠打了一顿，但不久真相大白，两人第二天早上去洪经理的宅邸归还了项链。

　　洪经理过着典型的西方资产阶级生活。钱包被偷后，心情非常糟糕地吃着早餐粥。这时，何叔叔带着细路祥进门，两个人都很紧张。细路祥注意到叔叔的裤子卷了起来，马上帮他把裤子整理好。打招呼的时候他大声叫"经理！"给人一种活泼机灵的印象。两人说明情况时，穿着可爱格子西装的苏妹进来，用温柔的声音招呼说："改天再让我看看漫画吧。"但是洪经理的态度很自大，说话的口吻也体现出对他们的轻蔑。尽管是个孩子，细路祥也知道自己被侮辱了，催促叔叔赶紧回家。但是，洪经理提出想雇何叔叔当新秘书，"顺便让那个孩子也免费上学"。自尊心很强的细路祥拒绝说"不愿意"，但了解到可以和苏妹一起学习，就同意了。

　　就这样，细路祥第一次上了小学。当然，他和资产阶级的孩子们合不来。不久他被大家欺负，为了报复，他便向对方挑衅。另外，因为要照顾弟弟和妹妹，他上课经常迟到。上社会课的时候，老师问："中国有什么伟人？""孙文！""孙文！"孩子们异口同声地回答，只有细路祥回答说"飞刀李"。"那个人是谁啊？""是我的朋友。""什么？你的朋友算哪门子伟人。""但是他很会投掷刀啊。"就这样，细路祥被老师打了耳光。"这里是正经人家的孩子来的学校。像你这样的穷人孩子，还是滚去打工吧！"

　　细路祥就这样辍学了，再次回到原来那条街道的凹陷处开始经营漫画店，过着和从前一样的生活。他只对一个人敞开心扉，那个人就是飞刀李。飞刀李也认可细路祥说的"学校的学费太贵了"，但不肯传授细路祥投刀技巧。回到家的细路祥，在年幼的弟弟和妹妹面前，和他们玩学校过家家。他假装大人，戴上不知哪里弄到的黑色墨镜，不讲理地训斥弟弟妹妹，吼他们，抓他们的头发，像猴子一样模仿社会课上的笨蛋老师，表演小丑技艺。这是李小龙天才即兴的一幕。

　　结果，洪经理又出主意，将细路祥安排在他经营的西服工厂当学徒。但是在这里，他也被资历老的高大少年欺负，一会儿要他一下子搬完沉重的布料，一会儿又把他从台阶上推下，被激怒的细路祥拿着打扫用的拖把要求决斗。这种事时有发生，细路祥实在无法继续工作。为了想办法找到工作，他在空闲时间也试过学习工厂缝纫机的使用方法，但结果不尽如人意。

　　洪经理有个儿子叫沙尘超，是典型的资产阶级花花公子，一有空就忙着搭讪女工人（原作漫画家袁步云饰演）。他花钱大手大脚，工厂的财务又总是亏损，这是父亲烦恼的根源。

最初的主演作品《细路祥》

当时工厂里，女工因工作条件太差，希望团结起来进行谈判。作为中心人物的吕薇是一位总是庇护细路祥的温柔姐姐，细路祥愿意为她做任何事。吕薇向洪经理提交了请愿书，洪夫人说那是女人的信，因此大吵了一架。与此同时，细路祥变得越来越暴力。他经常泡在飞刀李的窝点里，终于得到投掷飞刀的秘诀。他高兴地翻着跟头，从商业街的店头偷鸭子。他彻底变成了一个大流氓，戴着帽子、穿着肥大的裤子走在街头。知道被洪经理解雇的何叔叔还在艰难地维持自己的漫画店时，细路祥威风凛凛地要给何叔叔钞票，遭到何叔叔无情拒绝后，他马上挥刀威胁。善良的苏妹想让他回到学校，还偷偷地去看他的弟弟和妹妹，帮助他们学习。但是，细路祥不理会苏妹的提议，忙于投掷飞刀的练习。

工厂即将开始罢工。趁着混乱，流氓们想偷仓库的东西，但在细路祥的劝说下，他们站在了女工一边。沙尘超供出自己挪用物资的罪行，劳动争议暂且得到解决。洪经理看到细路祥聪明的表现，希望他能为自己所用。但是尊敬飞刀李的少年只说"我想成为大哥那样的人"。飞刀李温柔地抚摸着细路祥的头，说"只有为了生存才可以偷东西"，提醒他要走正道。

最后一幕是铁路轨道。何叔叔带着细路祥和弟弟妹妹，决定回乡下重新生活，很多女工为他们送行。四个人像卓别林电影的最后一幕那样走在轨道上，身影渐渐变小。

虽然说明有点长，但我觉得这是一部很棒的电影，值得反复回味观看。导演冯峰如前所述，也出演了飞刀李的角色。他本来是粤剧演员出身，1937 年进入电影界，作为演员活跃了一段时间。在《细路祥》拍摄之前，同一年拍摄了《柳姐与沙尘超》，作为导演出道。当然，这是一部由袁步云漫画人物组成的电影。可以推测因为拍得不错，所以让李小龙扮演细路祥，再拍一部。也不难想象，扮演洪百好的父亲李海泉给予了强有力的推荐。

李小龙机敏细致的演技，实在是有值得感叹的地方。对资产阶级和当权者的厌恶和嘲笑，还有滑稽地模仿其动作的场面，以及在工厂使用拖把打架的场面，都可以说是即兴的。这令人预感到的，不是童星常有的感伤，而是未来功夫明星的诞生。在生存竞争激烈的香港，被迫在最底层生活的孩子没有学历、阶级和财产，即便如此，他们依然抱着一线希望生存下去的样子，被李小龙演绎得令人心痛。经过半个世纪左右的岁月，在香港回归中国前后，陈果翻拍了这部作品。

1951 年，李小龙的第二部主演作品《人之初》由秦剑拍摄。很遗憾这部电影已经遗失，现在看不到了。

1953年，十二岁的李小龙，竟然已出演了五部电影。其中四部某种意义上只是配角，稍后再讨论，我想在这里先谈谈其主演作品《苦海明灯》。这部作品和《人之初》一样，导演是秦剑。但制作公司不是大观，而是中联。

中联也和其他同时代的电影公司一样，抱着"娱乐性和教育性兼备的电影才会受观众欢迎，只有受观众欢迎才会有教育效果"（17）的方针。李小龙在这里饰演的主人公是一名孤儿，他虽然尝尽人世间的辛酸，长大后却成了充满博爱精神的医生，取得了人生的成功。与之前介绍的《细路祥》不同，这只是一部单纯的家庭情节剧，从这个意义上来说，如果与日本和好莱坞的同类情节剧进行比较的话，应该会得到有趣的结果。总之，先看一下故事梗概。

正如影片名所示，这部作品是从雷雨交加的大海中，唯一发出光明的灯塔的镜头开始的。这座灯塔也是产科医院，医院里一位年轻女性尖叫着，打算在没有父亲认可的情况下生下婴儿。

第二天早上，计划把刚出生的孩子送给别人寄养的母亲，带着失落的神情离开了医院。她曾在西洋式的宅邸做过女仆，但被年轻男主人当作玩具，结果怀孕了。她一边哭一边向宅邸的女主人说明情况，这时通往二楼、分成左右两道的豪华楼梯旁边，男主人突然伸出脑袋，很快又缩了回去。当然，她被宅邸解雇了。男主人想给她一点分手费，但她带着愤怒和轻蔑把那一沓钞票扔了回去。这时，响起了柏辽兹的《幻想交响曲》第四乐章《断头台进行曲》。顺便一提，这个时期的香港情节剧，一有机会，就会播放贝多芬、德沃夏克等所谓的名曲吃茶店里经常听到的古典音乐，这不值得特别惊讶。

离开宅邸的年轻女子顺便去代写店，请人写信给大宅的专属医生陈英杰，请这位有钱人来养育自己的孩子。膝下无子的陈英杰欣然接受，给婴儿起名陈阿生，溺爱有加。但是陈夫人却对此表示不满，对这个养子充满憎恶。经过几年的时间，一个圣诞前夜，陈英杰给阿生买了豪华的蛋糕，对于夫人却只掷下一副耳环。不久，夫人生下了自己的女儿，对阿生的迫害就越来越激烈，夫妻之间的争吵接连不断。结果，一位刚刚丧子的中年女性（奶妈）收养了阿生，陈英杰哭着与阿生告别。

奶妈家位于贫民窟的一角，在这里，家家户户都把晾洗衣物堆放在室外。这一家，赌徒丈夫（吴楚帆饰）靠着妻子赚来的钱，在赌场中挥霍。阿生在这里，每天从打水到给养父做饭一样不落，完全被当作了奴隶。

岁月流逝，阿生十二岁了。李小龙终于登场了。这个悲惨的少年像往常一样在家门外捆柴火，这里有同龄的孩子们若无其事地踩着柴火，又愉快地跑远的镜头。唯一能让阿生敞开心扉的是住在隔壁的盲人少女美美，但刚才的孩子们总是残忍地捉弄她，还去美美卖点心的地方付给她假币，看着她不知所措的样子起哄。心地善良的阿生赶到那里安慰她。令人吃惊的是，布努埃尔描写墨西哥城贫民窟少年暴行的作品《被遗忘的人们》获得戛纳电影节大奖是在《苦海明灯》问世的前年，即1951年。单看这一部分，总觉得有些相似之处。

在这个家中，养父受到狐朋狗友的诱惑，整天埋头赌博，养母苦不堪言，遭受丈夫的家暴而致昏厥，最终撒手人寰。阿生抱头痛哭。但是养父还是没有停止赌博，将至今不知世事险恶的阿生也卷入其中。银幕上出现了活泼无邪的少年在意想不到的美食面前高兴的样子。

这时亲生母亲登场了。深感后悔的她与之前的陈医生取得联系，急忙前往贫民窟。但是赌徒通过人贩子，又把阿生卖给了另一个富裕家庭。不知何时，阿生放弃了曾经单纯而

《苦海明灯》

顺从的心，成为在任何人面前都面不改色、不好惹的少年。讽刺的是，这家的主人正是曾经诱奸阿生母亲的男主人，也就是说，阿生来到了亲生父亲家。在有钱人家的大派对上，头发三七分，白衬衫配上蝴蝶结，穿着小晚礼服的阿生被陆续介绍给新父母的朋友们，他却一点也不开心。无法适应新家的他就此回到原来的贫民窟，继续过着无处可去的彷徨日子。

埃克托·柏辽兹的音乐响了起来，此处持续播放的背景音乐下，镜头的叠化转场令人印象深刻。穿着整齐的少年不知不觉丢了黑色上衣，鞋子被泥水弄脏，衬衫也破烂不堪。他已经变成乞丐，徘徊在小商品市场，迷路进了廉价饭馆后，想偷吃客人留下的剩饭，却被赶出店门。他裹在破旧的毛毯里，在码头的楼梯睡觉时被人殴打着赶了出去，简直就像一条野狗。这一段的刻画很出色。黑泽明的《姿三四郎》中，有一系列丢弃在路边的木屐飘过风雪的镜头，阿生的服装渐渐变得破破烂烂的这一段很精彩，可以与之匹敌。

它让人想起电影开头的雷雨交加之夜，浑身湿透的阿生，在盲人儿童保护院门口蹲着的时候，碰巧被带着女儿出来的李院长夫人（白燕）发现，受到了精心的照顾。但是画面上，夫人温柔的脸上不断浮现出养父那张伪善的脸，阿生不由得甩开她的手，抓起湿毛巾，在雷雨中跑了出去。因为总是被人欺负，他已经再也无法接受别人的好意了。

就这样，阿生又继续过上了偷东西吃的流浪儿生活，有一天又被警察追赶，跳进了保护院的院子。他往窗户里一看，许多盲人少女默默地在做裁缝活。在李夫人的引导下，阿生被带到房间里，遇见了曾经在贫民窟时住在附近的美美。听到阿生的声音，美美也认出了阿生。阿生又一次想要逃跑，但戴着眼镜、聪明慈祥的李夫人的脸上似乎重叠着令人怀念的美美的脸，他再次回到了保护院。在那里，他隔着篱笆看见夫人温柔地给疲于研究而睡着的院长先生盖上毯子，深深地感动了。被保护院收养的阿生，搬运药品、看显微镜总结实验结果，以此来帮助忙碌的院长。又过了一段时间，阿生成了优秀的医学博士，继承了院长的事业，积极参与眼科治疗、为盲人谋福利。这里张活游——一位短平头的男演员，取代李小龙扮演阿生。之后，张活游也饰演了《孤星血泪》等作品中长大的李小龙的角色。这位演员绝对不差，但遗憾的是，他缺乏李小龙所具有的稚嫩、机灵的气质，只有一种迟钝的幸福感在他脸上洋溢着。这是一个情节剧接近尾声的时候才出场的角色，也许这样的结尾也不错。我顺便也问了周围的几个香港影迷，因此可以肯定我的感想绝对没有错。

阿生犹豫究竟是和盲眼的美美还是院长的独生女结婚。最终，他选择了美美。通过努力，他终于成功完成美美的角膜移植手术，此事被报纸大肆报道。曾经迫害他的黑帮养父、亲生父亲等很多人在各种各样的地方都读了那篇报道。庆祝会上各界名士纷纷赶来，只有亲生母亲因胆怯而没能进入会场。当她下定决心走入会场时，作为养育之母的李夫人迎接了她，阿生也同时出现在镜头中，剧情迎来了圆满的结局。

《苦海明灯》在很多方面会让人联想到我们熟悉的通俗情节剧。阿生继承院长的事业，投身医学研究的小插曲，让我想起由泉镜花的原作改编而成的、新派戏剧的名剧《妇系图》。走上邪恶道路的流浪儿，对偶然将其收养的老师抱有尊敬之情，时隔一年继承其事业，在这一点上，两者表现出了相似性。另外，在最后的庆祝会之前犹豫不决的母亲，可以说与好莱坞的《慈母心》(Stella Dallas)中婚礼上的母亲、在日本同时代大受欢迎的大映电影公司演员三益爱子扮演的母亲几乎一个模样。

《细路祥》充分描写了生活在社会底层人们的幽默和反

叛精神，相比之下这部作品中对贫民窟夫妇的描写却陷入了老套。战前的上海电影中，吴永刚在《神女》（1934）中以写实主义手法描写的黑社会老大及其情妇和孩子的故事，在这部作品中只是被极其通俗地重新叙述了一遍。尽管如此，如果这部电影让人觉得很有趣的话，那应该是主演李小龙的功劳吧。这位少年即使在痛苦的境遇中也不发牢骚，一直忍受着这份屈辱和不被理解。但如果他放弃了自己的尊严，也许会做出些固执到可怕的事情。李小龙成功地扮演了这部慈母煽情剧的主角，成为20世纪50年代香港人煽情剧想象力的核心。

从《慈母泪》到《人海孤鸿》

　　自从 1953 年在《苦海明灯》中展现出色演技以来，至 1957 年的五年间，李小龙出演了十四部电影。既有《慈母泪》《孤星血泪》那样描写在漫长岁月中人事变迁的家庭情节剧，也有《孤儿行》那样以清朝为舞台的古装剧；既有《危楼春晓》那样群星出演，真实地描写社会邪恶和贫困的作品，也有像大作《爱》那样集锦形式的情节剧。50 年代中期，制作公司林立，香港逐渐构筑起电影大区的轮廓。在此过程中，他作为童星持续忙碌地活跃着。

　　李小龙在很多电影里，饰演一个即使处于悲惨的家庭环境中，也不卑不亢、服从父母的纯真幼稚少年。他对自己的出身有很强的自尊心，虽然是个孩子却能察觉到大人们的道德颓废，展现出机敏的行动。有时不得不做出沉重的自我牺牲，遭受挫折；有时忍受、顺从的结果是在社会上取得成功，做到"衣锦还乡"。

　　十多岁的李小龙在跳恰恰舞方面表现出了高超的技艺。

也是因为这个，在一些不那么重要的电影里他只是扮演喜欢跳舞的资产阶级青年。像《早知当初我唔嫁》和《甜姐儿》等现代幽默的作品就属于此类。我最感兴趣的是《诈癫纳福》，在这部作品中，他出色地发挥了作为喜剧演员的才能。

李小龙在这五年中表现出的各种技艺，在相隔一年后的1960年上映的《人海孤鸿》中完美地结合在了一起。演完这部电影后他离开香港，去了美国。在这一章中，我想简洁地介绍一下他作为童星的活跃情况。

《慈母泪》是在《苦海明灯》问世两个月后，在铜锣湾的乐声戏院和旺角的百老汇戏院首映，随即大受好评，在当年的电影界甚至被称为名副其实的粤语电影。导演和《苦海明灯》一样是秦剑。饰演母亲，成功让观众流泪的也是名为红线女的女演员。

《慈母泪》是一部讲述上了年纪的母亲，结婚以来一直守在家中，晚年坐在可以俯视田园的阳台上回想过去的作品。她回忆起曾经和在报社工作的青年一起愉快地在海边游玩。不久她就和他结婚了，马上成了三个孩子的母亲。在中秋明月的照耀下，她唱着喜爱的歌。有一次她丈夫出轨了别的女人，她决意去见她。虽然家庭一度恢复了和平，但丈夫因过劳又患上结核病，从此卧床不起。日军开始侵略中国，受此影响，很多企业不得不停止在香港的活动。丈夫死了，长子阿基（张瑛饰）是个游手好闲的轻浮之人，总是交一些奇奇怪怪的朋友；长女静娴（艾雯饰）性好华丽，喜欢被男朋友的豪华进口车载着去参加各种舞会；只有次子阿梁（杨帆饰）从小就认真读书，刻苦学习，帮助母亲。

岁月流逝，日军最终进攻香港。大概是秦剑导演喜欢柏辽兹的缘故，在这里也用了和《苦海明灯》一样的音乐。阿基的胡闹越来越甚，让母亲叹息不已。静娴彻夜不归，早上才回家。阿梁下定决心要当医生，趁妈妈在阳台睡着的时候悄悄离开了家，坐火车去了远方的城市。这里播放的是福斯特的《故乡的亲人》。这时，突然出现阿基在花哨的衬衫下藏起手枪，气喘吁吁地回家的镜头。之后警察们进来了。母亲拼命藏起儿子，佯装一无所知，但阿基最终还是被发现并逮捕。倒霉的是，想要保护他的静娴，却被警察开枪打死了。阿基被判死刑，同时失去两个孩子的母亲陷入绝望。不久日本投降，如今成为优秀医生的阿梁带着妻子回家。一家再次观赏中秋明月，重拾幸福。在这里镜头回到开头，老妈妈一如往常一般在阳台上睡觉，天不知不觉亮起来的时候电影结束了。

李小龙饰演的是少年时代的阿梁，只是镜头很少。日本占领香港的圣诞节前夜，父亲一手拿着蛋糕回家。孩子们很高兴，但父亲咳嗽得厉害，离开餐桌。李小龙像良家子弟一样头发梳成三七分，举止端庄。父亲发病，把蛋糕连盘子扔在墙上，用手帕擦干咯血的时候，阿梁只是表情悲痛地忍受着。即使在不久之后父亲葬礼的那天，哥哥和姐姐伤感地含着眼泪，而他只是冷静地注视着眼前发生的一切，紧紧地闭着嘴。

《千万人家》是一部基于阶级意识之上的、具有巧妙讽刺的家庭剧。一想到同年小津安二郎在东京拍摄了《东京故事》，就不由得想比较一下。

老父亲和母亲乘坐飞机抵达启德机场，探访长子（吴楚帆饰）和次子的家庭，目的是为同行的小女儿寻找合适的结婚对象。他们先坐人力车到经营公司的长子家，入口写着"注意猛狗"，从大厅往上延伸的楼梯分成左右两部分通向二楼，这是50年代香港电影中登场的典型的西洋风格豪宅。但是，一行人对这所房子清冷的气氛感到不自在，因此去了当司机的次子（李清饰）家。他们很快受到孩子们热烈的迎接。母亲非常喜欢这所房子，和媳妇友好地一起刺绣，出去买东西。另一方面，父亲被留在长子的豪宅里，一边受仆人侍奉，一边独自呷白兰地，但无法慰藉无聊。小女儿被不喜欢的男人逼迫交往，跑下疏散楼梯逃走，慌乱中摔倒，被送到医院。长子事业失败，留下遗书自杀。在这一连串沉重的事件中，小女儿在医院恢复了意识，大家松了一口气，恢复了笑容。李小龙在这部作品中扮演次子B仔。父亲下班回来后，他和妹妹一起跳过家里的白色栅栏，像小狗一样迎接父亲。格子衬衫加上吊带裤的那种打扮极其西洋，作为司机的儿子看起来有点不自然，但可以说明当时香港非常羡慕好莱坞电影中描绘的美国家庭，日本也是一样。B仔和妹妹和睦相处、共同学习，祖父母一到，两人和着父亲的口琴唱童谣。兄妹随着歌曲一起做动作，这是在一连串不幸情节的电影中，最充满幸福感的场面。

与《千万人家》形成鲜明对比的作品是《危楼春晓》，虽然同样描绘平民生活，后者却是在现实的基础上陷入极端贫困的家庭。

《危楼春晓》和战前日本山中贞雄拍摄的《人情纸风船》

《千万人家》

一样，受高尔基的《在底层》的影响，是群星出演的电影。一边讲述失业的年轻知识分子青年（张瑛饰），一边笑泪交加地讲述快富巷这个贫民窟中一家破烂平房里的居民们的生活。房东夫妇只想着收租，只要租客迟交哪怕一天，房东夫妇和手下的中年女人就会立刻把他们赶走。被养父侵犯，遭不知实情的母亲殴打的少女；不知从哪里筹钱，帮助邻居解决燃眉之急的仗义男子；只要有空就围着麻将桌聊天的女人们；还有不畏困境和屈辱，照顾青年的夜总会女招待，她在厨房工作时唱的歌概括了这部电影的主题："有人在黑暗中求光亮，有人在火焰里捉迷藏。不须烦恼不须忙，人生要力求向上，世途是美丽康庄。"

在《苦海明灯》中饰演贫民窟的赌徒，在《千万人家》中饰演富裕实业家的吴楚帆，在这部作品中出色地演绎了生活失败的一家之长。他完全是一副落魄的知识分子模样，留着不修边幅的胡子，戴着眼镜，露出筋疲力尽的表情，徘徊在平房的走廊里。他最初的登场，是付不起租金而被轰走，只好背着仅有的个人物品和生活用品出去，被邻居好心帮助的场面。李小龙扮演着一直追随这个无能父亲，既不抱怨，也不表现出反抗姿态的儿子。在狭小的房间里他总是躺在地板上睡觉。说到穿着，只有粗条纹衬衫配上黑色夹克，衬衫破了，皮肤忽隐忽现。尽管如此，他还是精神饱满地在平房里跑来跑去，充当大人们的跑腿。

有一次，在码头卸货、赚取日薪的大人们，在一天结束时聚集在一起，想要欢快地举行宴会。只有他急匆匆地赶来，露出严肃的表情，向大家宣告街巷的紧急事态。但是他们没听孩子的话，就这样开始了宴会。这时，少年的脸上露出无可奈何的绝望表情，给观众留下了深刻的印象，被同时代的电影评论家评价为"让我想起了战前的童星乔治·科特"。

暴风雨之夜，父亲捡起掉在地板上的粗绳，做好了心理准备，上吊自杀。就在居民们受到巨大冲击时，老化的平房开始慢慢倒塌。李小龙只拍了一个镜头，扮演着呆呆地站在父亲去世的地方的少年。

导演李铁在40年代也曾在上海创作过这个故事，这次的作品将场所转移到香港进行翻拍。屋檐下，长长的走廊墙上贴着"我为人人，人人为我"的标语，不知是谁写的。同样是中联制作的作品，与《苦海明灯》等不同，这是一部在近乎社会主义及现实主义倾向下构思而成的电影，李小龙出场不多，但给人们留下了极强的印象。在这部作品中，当时

《危楼春晓》

被认为是情节剧第一人的吴楚帆和他首次饰演了父亲和孩子的角色。不久，这对搭档又参演了《孤星血泪》等作品，到《人海孤鸿》为止持续了七年，出色完成了50年代香港电影中家庭情节剧的拍摄。

《危楼春晓》之后，经过一年时间，作为1955年春节电影上映的《爱》，是由上下两部构成、将近四小时的大作，除了序幕之外，由五个插曲组成。为了纪念中联成立两周年，六位导演分别拍摄了短篇，秦剑、李铁、珠玑等，和李小龙合作过的导演们互相比拼技艺，红线女、吴楚帆、张活游、李清、白燕等明星汇聚一堂。

故事内容是，航行中偶然乘坐同一艘巨大客船的乘客们，回顾迄今为止的人生，对爱进行思考。一名女子在丈夫死后，为生活所迫，不得不和心爱的儿子分离，去做女佣（母爱）。一个女歌手和妹妹争夺心爱的声乐老师失败，虽然已和妹妹和好如初，但还是忘不了老师，失意后乘船旅行（姐妹爱）。一个中年男性在年轻的情妇和妻子之间一直烦恼不已，最后回到妻子身边（夫妻爱）。一名年轻女子在被迫举行的婚礼中晕倒，在雷雨中与真正的恋人再次相遇并结婚（恋爱）。就这样，一等舱乘客们的故事正要讲述完的时候，客船搁浅了，乘客全部聚集到甲板上。这里镜头第一次聚焦于船底三等舱的杂技艺人一家，他们父亲讲述着家族天伦之爱的故事。最后船长尽职尽责地让所有乘客平安避难后，宣布自己打算和船共命运。大家被他所说的基督教博爱精神深深地感动了。就这样，在六种爱汇聚的时候，船最终幸免，在幸福的结局中迎来了天亮。

李小龙的角色是第五集的主人公杂技艺人的儿子。他在电影的开头，第一次出现三等舱的大房间时，就混杂在贫困的平民和小贩当中。总是衬衫外面穿着黑马褂，乖乖地和父母、姐姐待在一起，有时突然站起来讲起了杂技的开场词，或即兴表演倒立，在乘客们的喝彩中，展现出了相当可爱的一面。正在表演他擅长的倒立时，被姐姐抓住耳朵跌倒，两人嬉闹着，第一个故事中和孩子分别的女子经过了他们身旁。姐弟俩兴致高涨，冲向夜风大作的甲板，继续在空无一人的宽阔甲板上玩耍。李小龙喊道："看，俺是孙悟空。"接着李小龙继《细路祥》之后再次模仿了猴子，姐姐模仿开枪的动作。猴子装腔作势地倒下。摄影机在远处以长镜头持续拍摄这种和睦的情景。直到今天看来，这一场面仍让人不禁感叹少年李小龙身段的轻盈和即兴表演的精彩。刚才那个女人愁

《爱》

眉苦脸地经过甲板时，自己孩子的照片被风吹走了，她悲而晕倒。李小龙马上赶到，在三等舱被大家照顾的她终于开口了，其实说的就是前面第一集的故事内容。

在第五集中，身为杂技艺人的父亲讲述了一家人的故事。饰演者是马师曾。他身穿黑色的马褂，戴着帽子，从嘴边向左右长长延伸的胡子显得非常滑稽，如同日本的小泽昭一饰演着出色的小丑角色。

一家人租了小学的空地演出。老母亲负责看门，编着辫子、身着中国传统服装的姐姐负责打鼓，弟弟敲锣收钱，父亲举起长矛扮演主角。一家人总让人联想到毕加索年轻时画的艺人一家。饰演弟弟的李小龙，头发剪得短短的，前刘海稍微突出。虽然话不多，但他能够机敏地观察周围的气氛，努力帮助父亲推高表演气氛。在垫场戏，他和父亲讲对口相声，不假思索地重复着台词，让观众沸腾起来，就像挑衅手拿长矛的父亲那样，他连击铜锣，吸引观众进入主戏。那个表情姿态极其丰富，人们可以从这里看出他后来在功夫电影中挑衅对方，使比赛气氛高涨的原型。

父亲伤了身体，举不起沉重的矛了。观众们对中断杂技、从母亲那里接过水的父亲露出失望的神色。于是李小龙一下子跃出广场中央，即兴表演滑稽剧，机智救场。父亲重新振作起来再次挑战长矛，但又失败了。两个孩子拼命地连续敲打乐器，试图活跃气氛，但人们毫不在意地散开。

到了晚上也赚不到钱的一家，连吃的东西都没有，被迫露天住宿。在路旁角落里消磨时光的时候，衣食无忧的另一家人幸福地经过。姐弟俩想跟着他们进豪华酒店，行为可疑而吃了闭门羹。弟弟想擦停在那里的私家车，被拒绝了，姐姐跑到从酒店出来的有钱人搭人力车的地方，勉强讨到一些零钱。这个时候，她受了伤。两个人马上去店里要了两个肉包子，回到父母身边。两人平分了一个肉包子，父亲很感激孩子们可贵的努力，但没有表达出来。

第二天，一家人再次尝试在同一地方表演。这次，由长女代替父亲举长矛表演转盘，获得喝彩。接下来她听从父亲的命令，挑战还不够熟练、却更危险难做的曲艺，彻底失败。父亲大怒。她再次挑战，还是失败。这个时候活跃气氛的李小龙，在姐姐第一次失误时为了给姐姐鼓劲，大声击打铜锣，第二次则丧失了信心，战战兢兢地敲打。这种对比巧妙表现出了氛围的紧张。

看热闹的人散开了，因失败而摔倒在地，正在哭泣的姐姐，被生气的父亲狠狠地打了一顿。客人中有位青年实在看不下去，不禁上前拦住了他。但姐姐甩开那只手，拥抱失意的父亲，全家人都泪流满面。多亏青年机智，大喊"请看看这美丽的天伦之爱"，用帽子收集人们施舍的钱财，一家才勉强停止哭泣。

《爱》暂且不论其道德思维的合理性，作为李小龙第一次展现体术之妙的作品，是值得珍藏的。同时，它极有力地证明了，后来作为功夫明星大获成功的李小龙，在功夫渊源方面与中国的传统杂技有着密切的关系。所谓武术，不仅仅是对决之术，而且是以"空的空间"①（彼得·布鲁克）的围观者为前提而进行的表演，从这个意义上来说，是由戏剧般的目光凝视塑造而成的身体行为。在《爱》中单手拿着铜锣，扮演艺人之子的十三岁的李小龙，并不是单纯直观地看透了这样的事实，他同时也清醒地感受到包括自己在内的艺人，在社会中是如何被置于下层的。

《孤星血泪》是这个时期的最后一部正统情节剧。这部作

---

① 彼得·布鲁克在《空的空间》这一戏剧理论作品中提出的概念。——译者注

品取材于查尔斯·狄更斯《大卫·科波菲尔》的小插曲，李小龙又和吴楚帆搭档，出色地饰演了儿子的角色。

狂风暴雨之夜，抱着婴儿的母亲在乡下的铁匠铺面前倒下，奄奄一息。炉中燃着炽热的火焰。铁匠老王（黄楚山饰）觉得他们可怜，收留了婴儿，不久孩子长大了，帮着养父干活。这里李小龙饰演王复群。王复群身穿带着补丁的黑大褂外衣和一件衬衫，上面有许多洞，这里的奇妙之处在于它和两年前上映的《危楼春晓》中的少年打扮完全一样。他走在山野上收集木柴，勤勤恳恳地帮助铁匠度日。旁边有个叫贝儿（萧亮饰）的女孩，经常和复群玩。顺便说一下，萧亮后来出演了从女版《007》到武侠片的众多作品，是开启了香港新浪潮电影先声的演员萧芳芳童年时的艺名。这部电影有意思的地方是，它是肩负着70年代香港电影江山的两大演员，作为童星同时登场的唯一一部作品。

某天，为了找越狱犯，警察进入了村子。村里有权势的人物杜济仁立即协助围山。黄昏时分出去捡柴火的复群，偶然发现了戴着脚链的越狱囚犯，便把他藏在小山上的仓库里。吴楚帆留着乌黑的胡子，长着一双明亮的眼睛，扮演着这个越狱囚犯范田笙。看到回村的复群，杜济仁亮出一叠钞

《孤星血泪》，左侧为萧芳芳

票，奖励他告密，但被他拒绝了。回家后，他在深夜确认养父睡着后，便拿着饭、水和用来开锁的铁匠工具，偷偷回到山上小屋。他很聪明，轻易骗过了哨岗处的警察们。但是来搜查住宅的警官见他不在，起了疑心，于是很快包围了小屋。范田笙感谢这个聪明而嘴紧的少年，但事已至此也无可奈何。当从少年口中得知他那不可思议的身世时，他这才知道复群正是自己的儿子，他坦白说，自己是为了向陷害他的人报仇才越狱的。最后，他向警察投降。复群就像听别人的故事一样经历了这一切。养父老王来接他的时候，他的脸上闪现出喜悦和安心的神态。

这部电影里的李小龙，已经长着标志性的尖下巴和瘦脸，逐渐摆脱了童星的稚嫩。两条粗眉间挤出一条纵向皱纹，在自己无法判断的事态面前悲伤地垂下眼时，两眼与眉毛形成交叉状符号。我们熟悉的布鲁斯·李的表情开始隐约可见。但是他的出场到此结束，在电影的第二部，依然是由张活游接替其成长的角色。岁月流逝，范田笙再次越狱。他写信给复群，鼓励他进城修医学。复群听从范田笙的建议，在贝儿的目送下登上火车。那辆火车上还坐着杜济仁的独生女，她之后多次做出诱惑行为，使得复群感到烦恼。不久，复群取得医学博士，衣锦还乡。贝儿不知不觉成了声望很高的乡村歌手。复群在杜姑娘和贝儿之间徘徊，这期间他发现杜济仁滥用了他开发的新药的权利，获得了巨额利润。复群陷入失意的深渊，亲生父亲从旁安慰。在大团圆时，单身闯入杜家要殴打杜济仁的复群，反而被杜济仁的手下降伏，得知真相的范田笙和众多村民一起出现，证明了多年来自己的冤情，告发杜济仁的虚伪。杜济仁和范田笙互相拼杀。得以存活下来的复群握住赶来的贝儿的手，电影闭幕。

　　1955 年的《孤星血泪》是李小龙出演正统家庭情节剧的最后一部作品。之后，至 1957 年之前，他作为配角出演了《守得云开见月明》《孤儿行》《儿女债》《诈癫纳福》《早知当初我唔嫁》《雷雨》《甜姐儿》共七部作品。从古装剧到喜剧，题材类型丰富。可以推测得知，50 年代后半期的香港电影，逐渐走上了多样化的道路。像 50 年代前半期那样，光靠含有教育意义的娱乐作品无法满足观众的时代很快就到来了。这一趋势在某种意义上也可以在日本电影中看到，1950 年初风靡一时的由大映公司摄制的《母情》，到了中期转眼就衰退了，取而代之的是日活电影和大映公司以"太阳族电影"为代表的不良少年片、动作片、喜剧片等作品像雨后春笋般出现。

李小龙作为童星出演的角色也随着电影界的这种变化而变化。下面做一些简单记录。

《孤儿行》是清代作家郑板桥的小说第二次影视化。在妻妾同居的大家庭制度下，年幼失怙的少年，不畏屈辱和孤独，与母亲生活在一起。不久母亲被逐出家门，在医院做护士谋生。少年被老用人收养在乡下，成为农夫。李小龙饰演的少年勇敢地接受自己的命运，一直孝顺养父母，这一点和至今为止的家庭情节剧并没有什么不同。不久成为工厂工人的少年在工作中受伤被送往医院。在那里，他意外地再次见到了母亲。李小龙总是巧妙地扮演着一个少年，他站在稍远处悲伤地注视着大人们的争执和沮丧。他虽然会认真地倾听，机敏地关心对方，但是如果遇到表现傲慢的工厂经营者，他会坚决拒绝妥协。

《儿女债》和《苦海明灯》《慈母泪》一样都是秦剑导演的作品，他幽默地描写了随着战后社会逐渐复兴而出现的父母和孩子之间的世代对立问题。李小龙扮演的是一个留着最新流行的阿飞男孩（Teddy boy）一样的发型、总爱耍帅的年轻人。

《诈癫纳福》在这个时期的出演作品中，是一部大放异彩的滑稽喜剧，也是能证明李小龙具有至今为止从没展示过的、与杰瑞·刘易斯、早期的伍迪·艾伦相通的喜剧演员才能的一部作品。

主人公是轻浮不靠谱的小裁缝，因与有钱人家的情妇关系亲密而招来横祸，遭有钱人家到处追打。迷路进入闹市，正好遇到想进脱衣舞剧场而被拒绝的高中生，于是把自己的西服和他的水手服交换了一下。李小龙扮演的就是随便取名为杨小龙的高中生。明明是豪宅人家的独生子，却想模仿阿飞（不良少年）。因为眼睛严重近视，总是戴着厚厚的黑框眼镜，没有它就无法区分女朋友。小裁缝在冒充杨小龙的时候被带到豪宅，不得不和那位女朋友约会。另一方面，杨小龙把头发梳得像大人一样，故意缩着肩膀走路，在女朋友面前装作会武功的样子，竭尽逞强之能。小裁缝和杨小龙碰巧出现在同一个派对上，事态变得更加混乱。因为杨小龙的父亲正是开头登场的有钱人。有钱人的夫人得知丈夫有情妇而生气，全家人涌进她的公寓，新恋人从餐桌下出来，大家瞠目结舌，电影至此结束。

顺便一提，主演新马师曾是粤剧中响当当的喜剧演员，无论是作为歌手还是作曲家，在这个时期都很受欢迎。角色

《诈癫纳福》

的名字叫李福祥，香港人喜欢称之为"阿祥"。陈果翻拍《细路祥》时，其"祥"一字包含了对他的怀念，仔细看画面就能很好地理解这点。受这位天才吐槽型喜剧演员的启发，李小龙饰演装傻角色的潜能被激发了，可以预见他将会在《精武门》这样的功夫片中展现那种一下子就装傻充愣的幽默。也是看了这部电影的缘故，我确信李小龙如果活得更久，肯定会拍喜剧的。果真那样的话，成龙的形象会变得更不同吧。

《早知当初我唔嫁》是一部有点恶搞趣味的情节剧，舞台演员任剑辉长期以来以女扮男装的美丽形象广受人们喜爱，这次"他"饰演孤独的中年男性，芳艳芬饰演"他"所钟情的漂亮寡妇。李小龙在这里，扮演芳艳芬的儿子。李小龙碰巧寄宿在任剑辉家里，便向母亲的老熟人任剑辉教授现在很流行的恰恰舞步。格子衬衫上搭配曼波裤，用发蜡把头发竖起的感觉让人联想到漫画《丁丁历险记》的主人公。这个不擅长学习，但非常喜欢尤克里里的少年，在那之后被汽车撞了。任剑辉和他的母亲贴身照顾他，两人之间渐渐萌生了爱情。影片里很多场景都播放着两人唱的粤语歌曲。故事的结尾是芳艳芬进入了尼姑庵，任剑辉沉浸在悲叹中。

《雷雨》是一部以五四运动时期曹禺所著戏剧为基础的文

《雷雨》

艺电影。这个时期的香港，创作了许多类似《春》《家》《寒夜》等的电影。在以大家庭中的纠葛为主题的这部作品中，李小龙饰演剪掉发辫、对辛亥革命产生共鸣的次子周冲。父亲曾经的情妇兼女佣（白燕饰）嫁给别人后生了一个女孩，少女和其母亲一样作为女佣出现在周家时，在不知情的情况，周冲爱上了她。周冲质疑身份不同的两个人为什么不能相爱，强烈抗议旧式家庭的封建道德。

《甜姐儿》是一部讲述有着勇往直前的行动力和任性脾气的资产阶级小姐围绕男朋友争夺战展开大骚动的喜剧。主演文兰傲慢的可爱引起了人们的广泛关注。李小龙在这里扮演的是在舞厅里碰巧做她舞伴的资产阶级青年。两人出色地跳完了恰恰舞，另一个女孩身为竞争对手，感到自己被一下子比了下去。李小龙戴着眼镜，一副大学生模样，穿着背心，搭配领带，用优雅姿态对待女孩。不过电影的字幕背景中没有写上他的名字。

终于要说到《人海孤鸿》了。李小龙扮演童星的最后一部电影，于《甜姐儿》问世之后的两年零三个月，即 1960 年 3 月公开上映。可以说自《孤星血泪》以来，几乎时隔五年，李小龙再次有了一部主演作品。有人质疑到了十八岁还在活跃的演员能否称之为"童星"，考虑到迄今为止他所出演的角色、作品的主题、共演者的情况，这部作品有《细路祥》以来的九年间他累积的所有电影经历都倾注在内的感觉。那时正是詹姆斯·迪恩饰演的年轻叛逆者风靡一世的时期。想来李小龙本人看过《人海孤鸿》的试映后，或许有这样的想法：作为童星的自己该做的事情已经结束了。1959年他为了学业前往美国，此后，直到1968年在好莱坞电影中担任武术指导之前，他一次也没有涉足电影界。

《人海孤鸿》是作家欧阳天在报纸上连载的小说，银幕上几度扮演李小龙的父亲、香港情节剧的中心人物吴楚帆作为制作者将其购买并拍摄成电影。《人海孤鸿》被拍成电影之前已被改编成广播剧，并获得了很高的声誉。制作电影时，还特意去往伦敦订购伊士曼彩色显像等，花费了前所未有的预算。这是李小龙童星时代唯一的彩色影视作品。

故事的舞台是当时的香港。拿着铲子的少年们爬上临近美丽大海的小山，他们晾衣服、打扫卫生、干农活。摄影机一打开，就出现"群幼孤儿院"的招牌，可以知道少年们是孤儿（取景地为位于香港岛南部海滨赤柱的航海学校）。

院长何思琪（吴楚帆饰）是个富有智慧、性格沉着又显得有些寂寞的中年男人。今晚正是祭祀日，从二楼院长室的窗户眺望山丘的下方，孤儿们正在跳村子里的蛇舞，远处传来爆竹声。无意间往墙上看，一张照片镶嵌在镜框里，表明院长已失去家人，这是唯一的念想。接下来的画面是黑白镜头倒叙。

抗日战争期间，何思琪与妻子、两个孩子还有女佣一起建立了幸福的家庭。随着日军轰炸加剧，一家考虑避难。在一片混乱中，他和家人走散了。轰炸机离开后，他回到路上一看，妻子和女儿被炸死了，也不见儿子和女佣的身影。此时妻子手中的一张照片，现在挂在这墙壁上。战争一结束，何思琪就拼命寻找儿子的踪影，但一无所获。他独自兴办孤儿院，亲自担任院长，他相信通过这种方式至少有一丝希望能有朝一日再见到儿子。

切回现实，在孤儿院里，突然有一位抱着西装的少年跳了进来，迅速寻找躲藏的地方，这就是李小龙饰演的阿三。两个警察追着男孩进来。少年在院子里碰上何思琪，用手势恳求他当作什么也没看见。赶走警察的何思琪训诫少年，从口袋里递给他一些钱，拿走西装。阿三像脱兔一样跑了出去。

何思琪从钱包里的名片上得知西装的主人是个叫张吉祥的大富翁，马上要去见那个人。《细路祥》也是如此，首先把被盗的物品还给主人是基本道德。不用说，张吉祥当然是住在香港电影特有的豪宅里，和他住一起的还有他唠叨的夫人、任性的孩子。他怒斥女佣，痛骂聚集在街上的不良少年。何思琪展现了天生的理想主义教育理念，认为是社会使他们变坏，但张吉祥完全听不进去。

何思琪离开宅邸后，在公共汽车站目击了刚才的阿三抢年轻女人的手提包。何思琪情不自禁地跟着阿三，被正好在街角的不良伙伴伸出脚绊倒，结果跟丢了。最后，他在咖啡店点了蛋糕，由那位叫姚苏凤的女性（白燕饰）帮他处理伤口。姚苏凤告诉何思琪，因为手提包里有一封非常重要的信，即使拼上命也要找回来。

回到孤儿院后，何思琪马上让以前当过不良少年的孩子做向导，在街角仔细调查。一有吵架的地方就挤进去看，流浪儿一旦聚集就去探查。功夫不负有心人，终于在GOGO咖啡馆发现阿三在跳恰恰舞。他身着华丽的短袖衬衫搭配牛仔裤。何思琪用力压住他，带他去前面的咖啡店，但阿三寻机想逃跑。刚要坐下的瞬间，欲要逃跑又被抓住了。服务员端着咖啡过来，仅有一点空隙，他试图用身体撞他逃跑，还是被抓住了。阿三从何思琪的烟盒里随意抽出烟，一直静不下心来，一会儿打响指，一会儿站起来用手抓蛋糕。即使何思琪想说点什么，阿三也只是说"真是多管闲事"，拒绝与他交谈，并有节奏地不断扭动身体。这一段李小龙的挑衅表演可谓天下第一。当然何思琪也毫不示弱，迅速从阿三的上衣口袋里夺回刚被他扒走的打火机，两人一直保持对峙的姿势。最后，阿三一边哼着歌一边离开咖啡店的时候，被地板的台阶绊了一下。

后来，阿三回到了他们的扒窃窝点，在朋友们面前，从男扮女装的头目那里接受扒窃课程。刚才从姚苏凤那里盗来的手提包就在练习台上。阿三表现出了非常拙劣的手部动作，故意让练习失败，被头目狠狠地骂了一顿。其实那是欺骗对方的策略。趁头目粗心大意的时候，他偷偷把手伸到手提包里，悄悄地取出姚苏凤拼命寻找的信。

阿三直奔孤儿院，归还信。这里李小龙的身手也非常了得。被领到院长室后，他说"给我一支烟"，把脚伸向沙发，抬起下巴，一副居高临下的样子，说话有气无力。[18] 他突然看到墙上挂着院长家人的照片，就问夫人和孩子们的消息。此时，虽然只有一瞬间，他脸色黯然，但在下一瞬间，他亲昵地拍着何思琪的肩膀，像是在掩饰自己的感伤似的敲打着桌子，模仿爵士乐击鼓，站起来踩着恰恰舞的舞步，不愿认真听何思琪说话。穿着宽松的曼波裤和松松垮垮的上衣，总是漫无目的地晃荡着纤细的手脚，就像头脑里只有音乐一样，一边跳舞一边往外面走。细心的观众会发现，在这里阿三也和刚才在那个窝点时一样，为了让在场的人不知道自己的真实目的，一直做一些掩人耳目的行为。没错，他在发现墙上照片的瞬间，突然收起了此前散漫的态度，好像要转移何思琪的注意力似的开始跳起舞来。当然，回到窝点的阿三，因为偷了信，被头目狠狠地打了一顿。

何思琪拿着信，去了姚苏凤的公寓。苔绿色墙边放着红色沙发的华丽房间内，她穿着蓝色衬衫和白色对襟毛衣在弹钢琴。这种完全用伊士曼彩色胶片制作电影的崭新气势，和只有美术工作人员能看懂的道具制作手法，总会让人联想到同时代的日活电影动作片。墙上挂的好像是死去丈夫的照片。姚苏凤与何思琪的关系越来越亲密，她接受了孤儿院的工作。

不久，报纸上以"童犯阿三落网"为标题，刊登了阿三终于被捕的报道。何思琪马上赶到监狱探视。穿着蓝色囚服的阿三，完全是一副意志消沉的神态。何思琪让他改邪归正来孤儿院，他坦率地接受。

阿三进了孤儿院。教室里的其他孩子都穿着白色制服，他一个人却穿着红色的衣服，上课时显得很无聊。他受委托照顾鸟棚的时候，遇上了来探望年幼孩子的妈妈，隔着铁丝网看到那个情景，他一直想着自己的孤独。晚上即使过了熄灯时间，他也睡不着。何思琪悄悄地走进卧室，检查每一个孩子的毯子是否盖好。阿三在黑暗中凝视着何思琪的一举一动。

那天晚上很晚，何思琪和新任教师姚苏凤一起，漫步在孤儿院下方的海岸上，静静地沉浸在浪漫的气氛中。睡不着的阿三越过树丛栅栏，跑到孤儿院外面，刚好被姚苏凤看到。其实他只是觉得孤儿院里做清洁工的中年女性很亲切，想出去买一些点心和她一起在长凳上吃。但骚动闹大，被人怀疑他是不是要逃跑。回到宿舍的阿三被何思琪追问。当他知道无论如何也无法让敬爱的院长相信自己的无辜时，便突然提高嗓门怒视他，最后失望地低下了头。虽然是短镜头，但能够很清楚地看到李小龙作为演员的细腻与睿智。这个场景的拍摄手法在专业术语中叫作"日以作夜（Day for Night）"①，

———————

① 即在白天拍摄夜景。——译者注

遗憾的是色彩和照明的平衡被破坏，怎么也看不到夜晚的场景。进入 60 年代，香港电影界积极邀请日本导演和摄影师拍摄彩色作品，从这里也可以推测克服技术的不成熟问题是当务之急。

但是阿三背负的郁结，在这之后引起了意想不到的大事件。有一天，姚苏凤在课上用风琴伴奏，教室全体人员合唱《可爱的家》（Home，Sweet Home）时，阿三突然敲旁边少年的头。因为上述事件发生时，只有这个少年像嘲笑他一样笑了，阿三对此记恨于心。姚苏凤慌慌张张赶到阿三那里，他的笔记本上竟然没有写任何关于上课的内容，只是用铅笔胡乱地画着旁边的少年绑着姚苏凤，要用刀砍下她的脖子的涂鸦。姚苏凤想拿走笔记本，但阿三始终不肯，他张开双手，做出愚弄她的姿势。合唱练习重新开始。阿三这次突然站起来尖叫。他把姚苏凤撞倒后发出挑衅，从怀里一下子掏出杰克刀，对着她咯咯地笑着，露出威胁的姿态。姚苏凤冲出教室，敲响安装在院子里集合用的铃，试图通知所有人院内发生了紧急情况。阿三立即追上姚苏凤，再次举起刀子威胁她。在几十个孤儿围观的情况下，三个男教师想抓住愤怒的阿三，但没能如愿。其间姚苏凤疯狂地敲着警钟。闻讯赶来的何思琪迅速从阿三手里夺下刀，命令看热闹的孤儿们回到教室。他把阿三带到一个单人间，说是自己没照顾好他。阿三也不甘心，一边敲打关着的门，一边控诉院长没能相信自己的清白。

这连续十分钟的情绪高涨，在李小龙的童星电影中达到了顶峰。阿三的挑衅节奏从作品一开始就显现了出来，剧情发展过程中逐渐攀升，在这里达到顶端，然后带来高潮，可以说结构非常完美。特别是阿三在姚苏凤面前挥舞小刀时的表情和动作，完美表现了绝望后的自嘲和焦躁，让观众大为震撼。这一连串的事件，进一步推动了故事的展开。有一位神秘人物一直在远处关注事件始末。这个男人乍一看，就像以前小津执导的电影中的中村伸郎一样，是个阴沉虚无的中年男人，他其实是黑帮老大过江龙（冯峰饰），计划暗中夺回阿三。还记得吗？冯峰是《细路祥》的导演，自李小龙饰演那个擅长掷飞刀的小流氓以来，已过去了十年，冯峰听说这是李小龙最后的电影，特意赶来友情出演。

那天晚上，阿三再次从孤儿院消失了。孤儿们手擎火把去寻找，其实是前面提到的过江龙绑架了他。同时，富豪张吉祥那里，收到了一封恐吓信，说是绑架了孩子。不知所措

《人海孤鸿》

的张吉祥叫来了何思琪，基于情节剧特有的推理逻辑，他们偶然发现了真相。孤儿院的女清洁工本是何家的女佣，她面对何思琪，为阿三做了不在场证明，说那天晚上阿三并不是企图逃跑，只不过是去为自己买点心而已。孤儿院的员工听了这番话后，觉得不应该怀疑他。但她说的真相不止这些，"阿三是以前失踪的少爷"。自祭祀日那天这位少年第一次躲进孤儿院的院子里以来，何思琪便在心里有所觉察，为多年的愿望终于实现而感动不已。

但不管怎样，首先要解决的是救出张吉祥的儿子和阿三。过江龙命令张吉祥把赎金送到宅邸附近的垃圾场。按照指示放好后，马上就有捡垃圾的流浪汉出现，而他立刻被伺机等候的警察逮捕了，但这是真正的流浪汉，逮捕以失败告终。阿三和张家儿子被监禁在农家的牲口棚里。阿三告诉伙伴们他已经不想做坏事了，作为叛徒受到了严厉的私刑。两个人瞄准机会终于逃了出来，但又被过江龙抓回来了。这时第二封信连同沾血的耳朵寄到了张家。一家人陷入恐慌。

时值孤儿院成立五周年，各界贵宾出席纪念仪式。阿三捂住血淋淋的左脸颊回到那里，一边哭一边向何思琪说明情况。其他孤儿开始一齐谴责他，踢他，骂他。这时姚苏凤站了起来，阻止他们。她对着阿三说，现在眼前的何院长才是你真正的父亲，阿三被何思琪紧紧拥抱住。他起初难以置信地拒绝何思琪，然后回头在姚苏凤面前跪下，为之前无礼又粗暴的举动道歉。最后他转向何思琪，喊着"爸爸"，被何思琪搂在怀里。在场的少年们一齐鼓掌。

在脸上缠着绷带的阿三的带领下，好几辆警车直达现场。激烈的枪战之后，一伙绑匪被消灭。受伤的过江龙正要拿起枪时，敏锐注意到的阿三一脚踢开了枪。张吉祥改过自新，何家父子再次紧紧拥抱在一起。最后一幕是孤儿院少年们的学艺会。在场的每个人都面带感慨万千的表情。阿三表情开朗，精力充沛地从事平时的农活，镜头定格在他蓦然抬头看的蓝天，电影闭幕。这是一部无可挑剔的杰作。

什么是童星

童星在中文里是指扮演儿童角色的明星。在回顾李小龙电影人生前半段，也就是十八岁之前的经历时，我想首先对一般性问题，即电影中童星的含义进行探讨。

悲剧不需要童星作为主人公。在描写人类被诸神、宿命等超越性的意志玩弄而无力改变命运的悲剧中，所谓人类就是反抗命运却逐渐受挫的存在，必须要活出整个生命的精彩。感伤不可能是纯洁的少年少女内心的特权。在索福克勒斯的悲剧中，对俄狄浦斯童年的回忆只不过是在寻找因果，而在莎士比亚的《麦克白》中，被杀害的将军之子毫无人格。

自18世纪情节剧兴盛以来，悲剧所体现的世界观日渐衰落，儿童角色在西方戏剧中开始被赋予意义。奇怪的是，欧洲近代社会认为儿童是独特的存在，这与从浪漫主义到写实主义的艺术思潮里，宣传以儿童为审美、道德对象的时期正相一致。[19]在情节剧中，孩子往往像聋哑人或盲人一样，作为纯真的人物登场。他（她）被置于社会的边缘，不能像成人那样进行充分又具有说服性的沟通。孩子因其周边原因经常受到不正当的迫害和误解，而且抵抗力脆弱。在很多情节剧中，童星通常扮演失去父母的孤儿、因为不是嫡子而受到严重歧视的牺牲者等角色，尽情影响着观众的情绪。最后他（她）会回归家庭，从而过上幸福的生活。这些在体现作品道德方面发挥了积极的催化作用。与悲剧相反，情节剧中的一切事件都是偶然发生的。孩子在以家庭为主题的感伤故事中，首先以被偶然玩弄的牺牲者形象出现。但是他（她）最终成为从道德层面审判大人堕落的证人，具有不可忽视的故事性功能。

19世纪以戏剧、歌剧、小说为代表的大众文化，在20世纪有了新的接班人——电影，其中，孩子的形象在世界范围内都有所重叠。电影产业作为直接面对社会的梦工厂，总是努力物色优秀童星，让他们在情节剧中展现可爱的表情，催动观众的情绪。在明星圈中，童星顺势晋升为明星，成为观众迷恋的对象。一旦年幼的荣耀时期结束，如何形成自我特色，对童星来说通常是个严重的问题。

有的童星带着神话般的威望成人，甚至成为大明星，有的童星则失败了，度过了悲惨的人生。既有作为性格独立的演员确立地位的人，也有转向其他行业的。

那么，李小龙作为童星，具体扮演了怎样的角色呢？让我们从迄今为止提到的十三部电影中选出他的角色，总结如下：

作　品	角色	有无家人	境　遇
《细路祥》	主演	妹妹、弟弟和废柴叔叔	贫困
《苦海明灯》	主演	孤儿	贫困，后脱困
《慈母泪》	配角	母亲、废柴哥哥和姐姐	普通
《千万人家》	配角	双亲和妹妹	普通
《危楼春晓》	配角	父亲	非常贫困
《爱》	配角	双亲和姐姐	非常贫困
《孤星血泪》	主演	孤儿，与父亲重逢	贫困，后脱困
《孤儿行》	主演	孤儿，与母亲重逢	贫困
《诈癫纳福》	配角	双亲	资产阶级家庭
《早知当初我唔嫁》	龙套	母亲	普通
《雷雨》	配角	封建的旧家庭	富裕
《甜姐儿》	龙套	不详	资产阶级
《人海孤鸿》	主演	孤儿，与父亲重逢	贫困，后脱困

如果把这张表绘制成图，就如 127 页所示。

李小龙作为童星，活跃的中心是家庭情节剧，当时被称为"社会教育片"，不仅要煽动观众情绪，还要诉诸人的良知，带有较强的社会性。他还充分利用擅长的恰恰舞，在《早知当初我唔嫁》和《甜姐儿》等作品中跑龙套，在文艺作品《雷雨》中饰演有先进思想的叛逆儿子，还在《诈癫纳福》中展现了像杰瑞·刘易斯那样的喜剧演员才能。特别是后一部作品，让人预见到后来他在功夫片中展现的易装癖和喜剧风格，使人兴趣盎然。但是，虽然我承认他的艺术领域非常广阔，但也不得不说他作为童星的功绩主要在于情节剧，准确地说在于孤儿的角色。

《细路祥》的主人公没有父母。严格来说他并不是孤儿，只是没有依赖不可靠的叔叔，而独自开漫画出租店，照顾弟弟和妹妹。他具有活泼勇敢的性格，毫不掩饰对厂长和小学教师等权威人物的反抗。另一方面，他对街角的小流氓抱有无比的信任，为了保护租赁书店的地盘而努力战斗。他还代替懦弱的叔叔理直气壮地发表自己的意见，为了让年幼的弟妹发笑而模仿学校老师和动物。他性格敏捷、富有耐心，不喜欢依赖别人。无论何时都在活跃地到处跑动，展示自己的聪明才智。

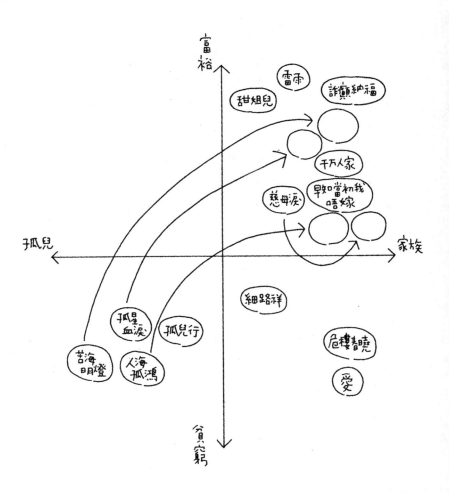

富裕

雷雨

甜姐兒

詐顛納福

千萬人家

慈母淚

早知當初我唔嫁

孤兒 ← ──────────── → 家族

細路祥

孤星血淚

孤兒行

人海孤鴻

苦海明燈

危樓春曉

愛

貧窮

李小龙在《细路祥》中展现出的这种性格，虽然有时也会有些变化，但总体贯穿了他的童星时代。在《苦海明灯》《危楼春晓》《爱》等作品中，李小龙饰演的少年总是处于贫困之中，并且理解父母的难处。他孝顺父母，知道如何忍受周围的悲惨；冷静观察事态，不轻易向外部表露内心。虽然对权威人物和权力的虚伪感到愤怒，但并不想刻意表露出来，反而害怕把自己的痛苦暴露在陌生人面前，从而招致别人的怜悯。在《危楼春晓》中，他以天生的聪明和机敏，在家人和街坊面前诉说，表现出不惜自我牺牲的态度。但是他的尝试受挫，他的父亲在极度绝望后自杀。在《苦海明灯》中，因出身不幸而从一个家庭辗转到另一个的主人公阿生，既是命运的牺牲品，也是裁定大人道德的审判员。他虽然是孤儿，但后来通过钻研医学实现了阶级跃迁。阿生最后与青梅竹马的少女建立家庭，过上了幸福美好的生活。《孤星血泪》的复群也和阿生相似，是个无依无靠的孤儿，他也是和父亲不期而遇，终其一生立志学医。在《孤儿行》中，少年主人公一边安于下层劳动者的身份，一边寻找行踪消失的母亲。《慈母泪》的设定就类似于这样的孤儿剧，难免显得有些保守。但是在这部作品中，李小龙饰演的儿子阿梁，由于天生聪明，没有自毁人生，而是成为医生，让母亲得到了幸福。

　　这些电影赋予李小龙的特征之一是，他在任何情况下都不结党，经常单独行动。阿生也好，复群也好，绝对不会在同龄的孩子之间找到亲近的孤儿伙伴，反而会和他们尖锐地对立，孤身探索人生的前进方向。《爱》中的杂耍少年不信任任何人，为了缓解父亲的苦难，独立而果断地做出自己的选择。李小龙从孩提时代开始，就经常笼罩在可怕的孤独中。他饰演的少年虽然有需要他庇护的弟弟妹妹，但他无法向他们倾诉困难，无论在什么情况下被抛弃，他都会从被抛弃的地方独自一人采取行动。

　　在这个意义上，《人海孤鸿》中的阿三可以说是综合了李小龙从《细路祥》之后的童星经历和角色的人物。这将在后面论述。《人海孤鸿》也可以说直接关系到他从美国回国后出演的四部功夫片，特别是其中的《唐山大兄》。各种各样的复杂要素凝聚在这个家庭团圆剧中。

　　李晨风这部作品的主题正如标题所暗示的那样，主角隐身于茫茫人海，作为孤儿生活着。阿三顽固地拒绝别人的善意和友情，抱着自嘲和万念俱灰的心情，过着无依无靠的日子。他缺乏冷静、充满攻击性，但同时对自己的行为抱有清醒的认知。其不稳重的人格基调，源于促成本作品拍摄的直接契机——好莱坞演员詹姆斯·迪恩饰演的不良少年电影，而这本身就是《细路祥》主人公具备的特征。他擅长让扒手伙伴放松警惕，取回他们偷来的贵重物品，同时也兼具为证明自己的清白不惜失去耳朵的自我牺牲精神。这些也是李小龙在过去的几部电影中展现出的特质。在让这位少年演绎纯真、凶恶、挑衅和自我牺牲这些矛盾性格和行为时，导演李晨风发挥了出色的才能。阿三总是单独行动，被大家误解，但最后却做出巨大牺牲来证明自己的清白，意外地与亲生父亲重逢，从而填补内心的缺失。这些故事的架构为他后来的功夫片提供了原型。只是在功夫片中，父亲的本质最终没有恢复，而是凋零或者消失，与儿童时代有着决定性的差别。

中联的两大演员——吴楚帆和白燕，在李小龙的情节剧中是不可缺少的人物，可以说正是他们三位一体地形成了20世纪50年代粤剧情节剧的神圣家族。吴楚帆饰演被人生的失意和绝望折磨的角色，而白燕饰演充满无限慈悲和优雅的角色。在这期间，李小龙则饰演忍耐力强又聪明机灵的孤儿，不断追寻他们。他一直出演具有意识形态性质的情节剧，即指控大人们共有的伪善，反对权威，最后实现阶级跃升，回归幸福家庭。

在这里，还应该说明一下这样的孤儿剧得以兴盛一时的时代背景。

虽然这是一个非常普遍的说法，但在电影史上经常出现这样的现象：一旦发生战争或政治变动，不久之后，电影一定会在社会上兴起。俄国革命和第一次世界大战后的苏联与德国、第二次世界大战后的日本与意大利、朝鲜战争后的韩国、"文革"后的中国，在很大程度上佐证了这一说法。此一背景下，电影产业的中心大多情况下是情节剧。任何社会都频繁上演着家人失散、孤儿失去父母、一家团聚的故事，那是因为现实中的观众正处在如此的生活环境中。战争和政治动乱撕裂家庭纽带，催生出无数流浪儿。观众最容易投入感情的情节剧，首先就是以人生的偶然和变化为主题的作品。从 20 世纪 40 年代后半期到 50 年代，日本最受欢迎的系列剧是三益爱子主演的《母情》。20 世纪 80 年代中国相继制作了家庭剧，这体现了家庭剧正从"文革"带来的伤痕中逐渐恢复。这个时期由日本大映电视台制作的宇津井健和山口百惠的连续剧，在中国取得了惊人的收视率。另外，虽然不是情节剧，但在意大利的新写实主义作品中，从《德意志零年》

到《偷自行车的人》，孩子作为战后受害者的形象也对孤儿剧的兴盛起到了很大作用。李小龙作为童星活跃的20世纪50年代，是香港从日本军队手中被解放出来，也是香港不得不接收数量前所未有的难民的时代。这一时期，不仅有家庭离散问题，还有贫困、失业、住房难等各种社会矛盾，因无计可施，这些困难全部降临到被置于社会最边缘的弱势儿童身上。《危楼春晓》中的下层人居住的贫民窟和失业贫困状况，恰恰体现了1949年以后香港发生的混乱。

《慈母泪》中，给家庭带来不幸和导致亲人离别的是日军的侵略，也可以说正是同样原因导致了《人海孤鸿》中的家庭崩溃和父子离别。总的来说，李小龙在这样的战后社会混乱中，十多年来一直出演家人重逢以及破镜重圆、孤儿阶级地位上升的故事。那正是时代要求的角色，只有他——以演员天生的机敏和聪明——才能出色地满足人们的期待。

类似的情况也发生在了同为亚洲国家的韩国。朝鲜战争刚刚结束，韩国电影界就出现了不同规模的变化。例如金绮泳导演的《10代的反抗》(1959)和《下女》(1960)中被誉为著名童星的安圣基。在《10代的反抗》中，还是年幼孩子的他扮演在首尔站前行骗的孤儿。安圣基和李小龙非常近似的地方，就是通过情节剧鲜明地展现了作为社会矛盾焦点的孤儿形象。众所周知，他和李小龙一样，曾一度远离电影界，又在漫长的岁月后回归影界，成为大明星。

除了安圣基，这里还可以列举一下在世界电影史上登场的著名童星们。通过他们和李小龙的比较，我们能更多地了解关于童星的真实情况。在好莱坞，早期有玛丽·碧克馥、吉许姐妹、朱迪·加兰、秀兰·邓波儿、伊丽莎白·泰勒，现代有朱迪·福斯特和波姬·小丝，都是风靡一时的少女角色。她们在银幕上表演神话般的白人少女，成为全世界的偶像，成年后也成功地以明星的身份开出了人生之花。好莱坞有着坚固的明星体系，完全有能力让情节剧中的儿童角色成为神话。但不可思议的是，能和她们匹敌的少年角色似乎很少，很难一下子想出他们的名字。

在欧洲，可以举出让-皮埃尔·利奥德和斯拉夫科·斯提马科这样有趣的儿童角色。前者在特吕弗的《四百击》(1959)中饰演孤独的贫困少年，以法国新浪潮电影的神话少年身份出道。此后，随着特吕弗作为"作家"的经历不断积累，利奥德始终扮演着堪称投射了他自身人格的角色，这段时间与他逐渐转型为成人演员的过程有所重合。斯提马科当时被访问南斯拉夫的萨姆·佩金帕看中，在《铁十字勋章》（1977）中饰演儿童角色，以此为契机活跃在当地的电影界。特别是埃米尔·库斯图里卡从处女作《你还记得多莉·贝尔吗？》到《生活是个奇迹》为止，与他合作了25年有余，可以说将他本身的成长过程都记录在电影上了。与特吕弗相似，埃米尔·库斯图里卡也似乎下意识地把斯提马科看作自己的替身。这两人的例子与好莱坞的神话少女们不同，可以将他们看作是作为导演自我投射的媒介而被起用的童星。

为了与李小龙进行比较，让我们把目光转向亚洲。第二次世界大战后的混乱期，作为情节剧儿童演员受到高度评价，之后又有较大发展的例子，除了同在香港的萧芳芳之外，还有日本的美空云雀、韩国的安圣基等。

萧芳芳从小就因饰演身世可怜的少女而备受欢迎，1955年与李小龙在《孤星血泪》中合作。进入60年代，从粤剧的女武者到都市的资产阶级少女，再到《007》的间谍动作片，她都以凛然的姿态登场，作为偶像少女博得了空前绝后的人气。之后也没有引退，70年代末香港兴起新浪潮后，她马上主动接受了电影制作，率先主演年轻导演的作品，打破了香港女演员结婚引退的一贯做法。90年代之后，她仍作为成熟的中年女演员活跃在影视圈。从武术电影到中年女性的情节剧，其表演范围甚广。

美空云雀作为天才少女歌手首先成为话题人物，她穿着模仿朱迪·加兰的服装主演了《东京基德》。1950年代以来，她从一个默默无闻的童星而逐渐活跃起来。从《鞍马天狗　角兵卫狮子》的杉作到《伊豆舞女》的舞女、森石松、狸御殿的少主，从现代都市风格的音乐剧到古装剧，从少女到男装的侠客，其角色丰富多彩而华丽，闪耀着日本电影产业巅峰时代的光辉。但之后，她放弃了演艺生涯，专心唱歌，选择了国民歌手的神话般的生涯。

接下来让我们回忆一下之前简单提到的安圣基。80年代成为韩国电影代表人物的这位男演员，在50年代后半期至1960年，在韩国悬疑电影导演金绮泳的《10代的反抗》《下女》等电影中作为童星出道。他在前者中饰演逐渐崩溃的小资产阶级家庭的长子，在后者中饰演虽年幼但在首尔站前装模作样地行骗的孤儿。安圣基后来从童星引退，大学毕业后选择了正式的演员之路，从80年代到90年代，饰演了一位位历经沧桑、富有智慧且滑稽的青年，在韩国电影界创造了一个时代。

此前信笔举出了十来个儿童演员的名字，如今如果将李小龙与他们相比，会浮现出哪些相似之处和不同之处呢？

首先，他如要扮演像利奥德和斯提马科那样的特定作家自我投射的儿童人格，就要置于摄影组的核心位置。他专门受邀出演的家庭情节剧，具有在刻板的人物形象和现实主义之间摇摆的特性，与欧洲风格的作家思维相距甚远，因此没能通过特定的导演将个人成长保留在电影里面。

大多数孩子在十多岁的时候，需要重新审视自己作为演员的自我人格塑造，人不能永远是孩子。这时需要思考的应该是以成年演员的道路为目标，还是结束童星生涯走完全不同的道路？如果要继续走职业演员的道路，那么在迄今为止构筑起来的儿童演员的形象和今后的形象之间，应该进行怎样的调整呢？这就是危机时期。美空云雀告别童星身份，确立自我，走向了真正的歌手之路。安圣基一时放弃了职业演员生活，重新做回普通学生。萧芳芳则巧妙地回避了这个危机时期，从可爱的美少女偶像路线巧妙地转型为擅长武侠、闹剧、青春喜剧等的多角色女演员。依我看，辛苦完成这一转变的是若尾文子。由于半途而废，吉永小百合至今还与完全成熟的女演员相差很远。而山口百惠在转变之前，完全释放了自己的才艺。

　　因考虑童星之后是否继续当演员这一问题，李小龙的内心应该也有过危机感强烈袭来的时期。我想那是李小龙十七岁左右的事。那时他把《人海孤鸿》当作最后的演出，然后离开香港，去了美国。儿童时代的李小龙和萧芳芳一样，不仅在情节剧，在动作片和喜剧中也显露出了才华。但李小龙没有像萧芳芳那样选择永远留在香港电影圈内，作为演员出色演绎多种角色。如果李小龙十八岁后也继续留在香港，保留青春电影明星的地位，结局又会是怎样的呢？结果自然可以预料，那就是不能摄制以《唐山大兄》为首的功夫片杰作。如果说李小龙的人生中有其他童星出身的演员没有的东西，那就是他往返好莱坞和香港的宿命。我将在本书的第三部分中具体分析他回归香港后的影片时，探讨一下李小龙在童星时期和练功时期之间的差异及共同点。

在美国修行武术

　　李小龙是从 1955 年开始学武术的。此前沉迷于恰恰舞的
十四岁少年，拜师咏春拳高手叶问门下，从基础开始学习拳
法。咏春拳是清朝一位名叫严咏春的女性设计的拳法，正如
许多拳法的起源一样，是为了保护弱者而设计的。李小龙入
门的时候，叶问已经到了六十二岁的高龄。他喜爱这个有才
华的少年，后来把黐手之术的奥秘传授给他。关于黐手，将
在后面叙述，简单来说就是漫不经心地接住对方的攻击，像
黏着自己的手一样缠着对方的手，同时反用其力的拳术。这
里要注意的是，叶问道场中的学生以李小龙体内有四分之一
西洋人的血为理由，在传授这个奥秘前后有意排斥他。武术
很容易与民族主义热情相结合，成为民族"灵魂"的象征，
在日本（冲绳）、韩国也可以看到类似的现象。但是，我想在
这里写一下，这种热情一旦走向纯排他主义倾向时，就会催
生出回避外国人的态度，认为绝不能让外国人窃取武术，年
轻的李小龙亲身感受到了这一点。然而，支配着这个少年内

在的是强烈的攻击性，他并没有因为掌握了正规功夫而进行自我约束，而是像被莫名其妙的冲动驱使，终日在街头打架，经常引起警察的注意。不要忘记，这样的体验让他走上了超越一切特定的武术规范，而以街斗的即兴性和实践性为基础的武术设计之路。

1959 年，即将十九岁的李小龙去了他的出生地旧金山。他在西雅图拜访了曾在唐人街的粤剧剧团中工作的、父亲的同行周少平，并在其妻露比经营的"露比餐馆"中当服务员。其间，他在附近的公园和胡同表演了香港时代学到的功夫，第二年受到日本空手道家的挑战，成功在十秒内打败了他。1961 年进入华盛顿大学的小李，在西雅图市主办的"亚洲文化日"的盛典上，不遗余力地打败了原空军重量级冠军。此后，他还陆续挑战武术家，展现连战连胜的活跃气象。除了所习武术的高超之外，天生的自我表现欲也发挥了作用，其威名渐渐为大众所知。1962 年，刚满二十岁的李小龙在西雅图唐人街开设了振藩国术馆。

开道场听起来很了不起，但实际上只是借用了他打工的中餐馆附近的超市车库，在空闲的时间，给慕名而来的年轻人传授一些入门功夫。但在第二年，也就是 1963 年，他用英文自费发行了一本名为《基本中国拳法》（*Chinese Gung Fu*）的小册子用于宣传，将自己的武术命名为"截拳道"，用英语拼写则为"Jeet Kune Do"。最初两年，聚集在他身边的弟子大部分是亚裔或非裔，从社会层面来说，都是被迫生活在边缘的人。其中，包括在唐人街经营超市、一生效忠李小龙的木村武之，以及后来在《死亡游戏》中表演精湛的菲律宾武术的丹·伊诺桑托等人物，后者是李的朋友。这个时期李小龙想的是，在以白人价值观和美学为中心的美国社会，如何让他们把功夫作为独特的中国文化来认知，这是一个具有启蒙意义的问题。之所以这么说，是因为说起亚洲武术，美国人只知道日本空手道和柔道，很少有人知道李小龙信奉的功夫之名。在美国社会，日本武术从战前就广为人知。空手道和柔道是代表东方的神秘秘术，更确切地说，被认为是神秘的东方本身。1959 年，塞缪尔·富勒在洛杉矶拍摄以日裔刑警为主人公的悬疑电影《血色和服》时，背景是透着异国情调的艺伎，同时也是以礼仪和威严为宗旨的柔道世界。在这里也可以想起 1964 年的《007 之金手指》中日本武术的登场。20 世纪 60 年代前半期的美国，是一个到处建设空手道和柔道道场的时代。同时，荷兰选手在 1964 年东京奥运会上获得柔道金牌，日本武术不再直接代表日本，日本那些狭隘的民族主义者开始担忧。

李小龙在这种情况下，为了主张中国拳法功夫的独立性，不得不孤军奋战。1964年他最终选择大学中途辍学，参加在长滩举行的国际空手道锦标赛。他在那个公开比武的场面上，展示了在只有1英寸的近距离下将对方打倒的武艺，得到了全场的喝彩。为了向社会传播功夫之名，他想出了暂且借用空手道之名的策略。

但是，他这种充满自我表现欲的态度，在另一边受到了唐人街里只面向中国人开设传统拳法道场的华裔武术家的强烈反对。他们一有机会就诽谤李小龙不是纯正的中国人，因为他超越民族和人种教授功夫的做法而敌视他。李小龙经常受到他们的骚扰，有时突然被要求决斗。当然，一瞬间就能决一胜负。

60年代中期令李小龙烦恼的就是这种双重孤立。为了克服这个问题，他一点一点扩大道场，增加弟子的数量。幸运终于随之降临，1965年他初次接触好莱坞，第二年正式出演电视连续剧《青蜂侠》。他顺势在洛杉矶开设第三个道场，给好莱坞明星做个人武术指导，赚取高额的月收入。但是，另一方面，他不忘每天锻炼，培养更高级、更专业的弟子。李小龙野心勃勃，正式开始为在好莱坞出演电影而做准备。

李小龙的写作活动

　　李小龙在教授弟子功夫的同时，也积极将自己的学说写成文字。读琳达的回忆录时，你会发现他在繁忙的日子里，也会寻找时间，埋头写作。

　　李小龙生前留下的书籍只有一本，即 1963 年的《基本中国拳法》。但他并不满足于此，从 1964 年到 1965 年和 1970 年分两次尝试系统地写作，遗憾的是它们没有完成。但今天他所写的零碎资料由研究人员整理编成书籍，以《功夫之道》《截拳道之道》为标题发行。本章依次阅读这三本书，追寻他的功夫观以及他所使用的语言的变化。当然，这与他当时处在什么样的状况下、怀着什么样的问题意识执笔各书籍密切相关。

　　《基本中国拳法》于 1963 年仅以五百册的数量作为私人出版书籍发行。此时是李小龙刚到美国的第四个年头，二十三岁，只是华盛顿大学的二年级学生，还没有遇到琳达·埃莫瑞。他在西雅图的中华街租了一个由木村武之经营的超市停车场，功夫课才开始了一年左右。早期的弟子们包括木村在内，还有非裔柔道家等，大部分在美国社会中都属于少数族群。如果允许这样比喻的话，可以说他们在基督教史上就像耶稣十二门徒一样。

《基本中国拳法》在书的封面上写的是中文。英文名叫"CHINESE GUNG FU: The Philosophical Art of SELF-DEFENSE"，封面上刊登了留着平头的李小龙本人身穿黑色练功服高踢右脚的照片。背景是一道平淡无奇的木墙，地面用沥青铺成，并画有白线，由此推测，可能是木村的停车场。文中所收录的六十六张照片中，多达五十四张是在同一空间拍摄的，让人怀念起当时非常简朴的练习场景。正文是用英语写作而成的。

詹姆斯·严·李（中文名严镜海）、埃德·帕克、沃利·杰（中文名谢华亮）这三位居住在加利福尼亚的空手道家、柔道家为其作了序文。他们都指出李小龙不仅擅长武功，而且在中国哲学上造诣很深，本书作为防身术（self-defense）很有用。李的序文中提到李小龙"通过书和电视等，不分种族、宗教、国籍等指导功夫"，[20]最后以"将来剥削中国武术或将其商业化的行为，即假功夫，将会被扫除"为结尾。这暗

李小龙的第一本著作《基本中国拳法》

示了作为功夫家的李小龙当时所处的环境。他在美国社会中首先作为中国武术的革新者登场，由于他把传统上只传于中国人的秘术功夫教授给所有人，遭到了不少华裔美国人的憎恶。同样用基督教来比喻的话，那相当于把犹太人的犹太教当作世界宗教的做法。当然，《基本中国拳法》否定了以往因循守旧的拳法教授，认为武术是向众人开放的，从字里行间可以看出其积极争论的态度。

李小龙首先在序文开头大声宣布："东方的武术源头是功夫"(21)，其历史长达四千年。功夫是"促进健康、修养身心、自我防卫的技术"，其哲学核心是"道教、禅、易经"。他解释了本书的意图：介绍自己长年学习的咏春拳之基本，也就是防御和攻击技术。他预告不久将出版《中国功夫之道》一书，并在序文最后对"自称功夫专业人士或大师等从事不正当商业活动的人"进行了毫不留情的斥责，以此结束序文。他的这种态度，和谴责犹太教利未人的《马太福音》的主人公很相似。以下，他简单明了地提出功夫基本的五种技法，即打法、踢法、擒拿、摔法、武器，并指出了学习的五个要点。功夫是连续的运动，讲究速度。这是精神修行，不是反抗对方的动作，而是配合对方的动作，帮助对方自我毁灭。

对功夫来说极为重要的是腰。只有在迫不得已的情况下才进行打斗。接着，他自己画插图，说明十种基本姿势、腰和腿的训练方法、踢的方法，用几组照片说明受到对方攻击时的防御和攻击方法，以及同时受到多个敌人袭击的情况。夹杂着照片的叙述极其浅显易懂，且实用。李小龙在这里大概沿袭了香港时代读的舞蹈教科书的风格。

最后，他写了四页左右的随笔——"功夫阴阳基本理论"。基本阴阳原理与功夫始终是相辅相成的，"所谓力量，必须柔中有刚，柔刚兼并"(22)。防身术的核心就是这种中庸而和谐的原理。在这里，他引用了《庄子》中著名的庖丁解牛的故事。故事讲述的是，顺着骨节的空处切肉的人，比逆着骨头切肉的人，用更小的力量就可完成工作，并且还可以保持刀刃的耐用性。他得出的结论是，学习功夫的人必须通过自身力量配合对方力量的方向，从而找出阴阳的原理。整本书包括图版和照片在内不过百页左右，文句部分少得惊人。描写总体简洁，与本书以单纯为美德的宗旨十分相称。

从发行《基本中国拳法》的第二年即 1964 年开始，李小龙着手撰写"更加缜密的"新书。本来计划在 1965 年出版，但很遗憾没有完成。我们所知的《功夫之道》，是以研究者约翰·里特留下的手稿编撰而成的。

这个时期，李小龙在长滩国际空手道锦标赛上演示武艺，并与詹姆斯·严·李一起在奥克兰开道场。在接受华裔美国武术家的挑战后获胜，首次参加好莱坞的试镜。虽然回过一次香港，但与师父叶问之间产生了隔阂。他抛开曾经学过的咏春拳，参考各流派武术，想要建立自己的拳法，同时也涉猎亚洲哲学思想。根据简短序言的介绍，《功夫之道》的草稿是"在三万英尺的高空上，多次使用航空公司的文具，或者坐车的时候编写的"[23]。

李小龙的这本书比《基本中国拳法》给人的印象要饶舌得多。围绕功夫的历史和发展的部分更为具体，为了美国的大众学习者，用了各种各样的比喻。例如功夫随着时代的推移而简化，因此增加了流畅度，就像是中文的发展过程一样。"没有阴阳性、格、时态、语态、复数形式"的中文，并非大多数语言学家所说的"婴儿语"，而是"世界上最自然、最成熟的语言"。而且在西方语言中最实用的英语"现在正在接近中文数千年前达到的阶段"[24]。流淌在《功夫之道》里的是他对中国文明的骄傲，往往让人联想到文化民族主义。

另外需要注意的是，功夫被解释为包含音乐、舞蹈、绘画"所有形式的艺术"在内的"国术"。在美国，每次功夫被介绍为"体育"时，他都表现出强烈的不赞同 (25)，这一点很有意思。之前说到《基本中国拳法》的叙述类似于舞蹈教科书，但对李小龙来说，功夫是传统在当今的体现，是日常生活中实用的智慧，同时也是他十几岁时热衷的恰恰舞的延伸。这和同一时期他积极在观众面前表演武艺，之后选择在影视中公开几乎所有的技艺有很深的关系。它既是修养自身的手段，同时也包含着表演术的要素。但这必须与先行美国的空手道和柔道等日本武术区别开来，更不应该纳入基于西方价值观发展起来的"体育"范畴。

为了解决这个矛盾的问题，他不仅在《基本中国拳法》中，也在《功夫之道》中更积极地提到了始于老庄思想的中国哲学。文中出现了极具柔软性的水这一例子 (26)，他认为，水就是所谓的"妇孺——即弱者之道" (27)，随后引用了《道德经》的开头。必须注意的是，这本书的标题中的"道"不是路，而是道。李小龙在美国讲述中国哲学的20世纪60年代，正是在与欧美的文化对抗中，对东方哲学的兴趣迅速萌发，瑜伽和道家成为文化潮流的最初时代。城市街角上到处都是嬉皮士，披头士乐队在阿瑟·韦利译的《道德经》

一节配上旋律，发表单曲《内心之光》(*The Inner Light*)；法国小说家在毛泽东思想和老子的启发下，执笔实验小说。在这样的文化现象之下，李小龙的功夫在美国社会引起一代人的关注和共鸣。这个时候，他明确提出，弟子不仅不限于少数族群，也要向一般美国大众广泛宣传自己的技艺和哲学。

在《功夫之道》中，另一个值得注意的地方是，这本书首次以图解的方式仔细讲解咏春拳大师叶问的奥秘"黐手"，剖析了其哲学根基。

"黐"是黏着的意思。所谓黐手，就是追着对方之手的动作，缠绕住它，然后轻松控制对方，通过反复缠绕，把对方的能量变成自己的能量。《基本中国拳法》中只是抽象讲到黐手的原理，在这本书中则明确命名，并且附上叶问和李小龙两人训练的照片进行说明。在训练黐手时，绝不能让意识集中在某一点上，也绝不能只顾眼前的对手。最重要的是要像流水那样让所有的意识处于不间断的连续状态，一旦刹那间连续状态被打破，我方的气息就会被对方控制。技巧必须是完整连贯的，与有意识的努力无关。"关键是，不要把注意力集中在某一地方，而是让它充满整个肉体，遍布你所有存在的领域。如果能做到这一点，在必要的时候可以用手，而

叶问向李小龙传授黐手的奥秘

且不会浪费时间和多余的劲力（所谓注意力的集中是指冻结注意力。不能根据需要自由调整的注意力，已经失去了其本质）……黐手忌偏离或集中注意力。如果没有系统化的预先设计，气息就会自动扩散到整个身体。"[28] 这与以往将意守丹田（脐下三寸）视为唯一做法的中国拳法形成了鲜明的对比。废除身体局部论的思考，否定由心操控身体的二元论，无论是意图、预测还是期待，在放弃所有这些意识操作的时候，就达到了格斗时的最理想姿势，它被描述为"像死人一样站着就行了"。这种思考让我想起了巴黎五月风暴后不久，德勒兹与伽塔利写的《反俄狄浦斯》中所主张的"无器官的身体"。这两位哲学家和精神科医生否定了等级化、有序化的身体被心灵控制的情况，追求身心从二元论中解放出来。我猜想，李小龙通过黐手探究的连续"无心"状态，实际上是不是和他们所说的"千高原"的概念极其接近。

李小龙不认为黐手的原理仅限于功夫。"黐手的无心状态，适用于我们进行的所有活动——比如舞蹈。舞者一旦想竭尽全力地完美展现自己的艺术，就不是优秀的舞者。因为他的气息，每跳一个动作就会脱节。最重要的是忘我地与每个动作融为一体。一旦内心受到约束，就会为了动作而自我限制，

无法自如地完成舞蹈。车轮之所以旋转，是因为与轴之间有间隙。如果轮轴之间太紧，车轮绝对不会往前滚动。"（29）

引用的最后一部分，无意中提到了《道德经》中的句子，"三十辐共一毂，当其无，有车之用（翻译：三十根辐条汇集到一根毂中，才造出了车，有了车毂中空的地方，才发挥了车的作用）"。从这一节也可以看出，到了这个时期，李小龙较以前更加娴熟地引用老子的句子。

他进一步思考，说黐手是"自己和对方的区别消失的一种内在经验"（30），重要的是超越主观与客观的二元论，站在"客即主，主即客"的认识维度上。到达这一认识阶段，敌人自然会消失。为什么这么说呢？是因为"我在故敌在"（31），如果没有自我，也就不存在敌人。

李小龙在 1970 年由于训练失误，损伤了背部的骶神经，被迫中断训练四个月。恢复期间，他一边躺在床上，一边重新开始写作。很遗憾，他因为出演电影又一下子忙碌起来，最终不得不停止写作。但在他去世后，发现了大量草稿。这些遗稿于 1955 年一度以《截拳道之道》为名由奥哈拉出版公司（Ohara Publications）出版，其后经过约翰·里特的编辑，定稿《截拳道》于 1998 年出版。这本书相当于李小龙的第三本著作，日文译本长达四百页，在分量上远远超于前面两本书。因为整体是零碎草稿的纂辑，混杂着他在各个地方的发言，所以整理成书籍的效果要比《功夫之道》逊色很多。但是书中可以看到在成为电影明星之前，功夫武术家李小龙所到达的至高思想境界。最重要的是，这是一本远离他师傅叶问和咏春拳，从正面讲述截拳道的书。

这本书中无论是围绕中国文化的民族主义言论，还是对老庄思想的提及，都已经完全跟不上时代了。其背后可以看到，通过东洋深远的传统来启蒙大众的时代已经结束了。相反，自我反省的思潮已不期而至。另一方面，关于具体的训练法、防御法、攻击法，书里都比以往更详细地说明了身体细节的运动。作者不断使用特殊的缩写，例如，高超技能的攻击是 HIA、LIA、HHIA。如果通俗易懂地来解读，那就是通过手、脚、头（和头发）来巩固技能。遗憾的是，李小龙没有写完此书就去世了。但在这部著作中，李小龙尽可能地构筑着自己的武术体系。

李小龙的转变，很大程度上受他在香港时代的师父叶问及与在其门下学习的咏春拳诀别的影响。1969 年他给朋友威廉姆·张（中文名张卓庆）写了这样一些话："虽说自己的技能源于中国，但我对中国的传统武术已经失望，因为所有套式基本上都是纸上谈兵，无实用性。咏春拳也不例外。我的训练方法接近街头格斗，穿戴头盔、手套、护胸和护胫等。这五年来，我一直回避那些空踢空打的训练，而只朝着心中的目标刻苦练习。"(32)

截拳道是什么？首先它可以简单地解释为"咏春拳、击剑和拳击的合体"，但是，这只是表面的说明。截拳道可以说是"无视门派之分、拒绝形式化、从传统中解放出来的中国武术"(33)，"截拳道的功能不是束缚，而是解放"(34)。

李小龙不再像执笔《基本中国拳法》时那样，大声辱骂在美国开设东方武术道馆的"骗子"等。他只是悲哀地承认，武术的各个流派各自墨守成规的结果是，真正的武术被剥离出去了。李小龙极其冷静地列举了武术各流派的优缺点，并做了详细的笔记。

例如摔跤、柔道、泰拳，按欧美标准都被认定为体育，因此不能使用犯规技术。前两者禁止踢击、扯头发、用指戳、膝顶、踢裆等技能，缺乏持久比武的技战术。泰拳不能擒摔，不习惯对眼睛和裆部等显眼部位进行攻击。西洋拳击虽然具有效果明显的步法和丰富的拳法，但是只能用某种特定的方法打败敌人。空手道在前踢方面具有优势，但缺乏机动灵活性。跆拳道具有灵活的腿法、回旋踢法、头部撞击法等优点，但多样性仍然不足。合气道太拘泥于"气"。街斗从挖眼到踢裆，虽然充满了多样性，但是缺乏结构技巧，没有确立有效的训练方法。而自己深入钻研的咏春拳，讲究直线效率，黐手虽然不错，但不可否认还是过于简单化了。[35]

李小龙反复强调，武术的终极就是没有固定的形式。特定形式作为权威沿袭时，随之产生的就是颓废。他写道，"排除刻板的技巧"[36]，"刻板是自闭性的抵抗，华丽的武艺会加强自闭性的抵抗"[37]。截拳道作为一种不受任何限制的武术被提出，并被简称为 JKD。对截拳道来说，最重要的不是其表现形式，而是体验。那并不是在现有流派中加入的新流派，甚至不是李小龙个人独创的流派。截拳道不是任何人都可以修炼的武术，而是"攻击性十足的武术"[38]。但是，同时也可以用哲学语言进行定义："截拳道是对纯粹存在（超越主观和客观）的一种认识，是对存在于事物中的'真实'和'本质'（不是特殊的现实）的即时把握。"[39]

我们该如何看待这里引用的定义的多样性呢？在面对围绕截拳道的言论时，我们知道李小龙已经开始否定《基本中国拳法》和《功夫之道》，走向了不被传统和民族束缚的完全不同的未知领域。对于从十四岁开始教授他武艺的师父叶问，也没有再提及。他轻易便拒绝了过去的文化积累，用极其思辨的记述和具体的实用技术说明来代替。《截拳道》里现在唯一重要的是，这里讲述了已经三十岁的作者对自我的认识。前两书中，作者在抑制感性欲望之前回避了对自己的叙述，这是一个很有意思的现象。我们可以推测，这反映了由于医生宣布四个月都必须卧床，李小龙面临着也许无法再次作为武术家东山再起的危机时，所产生的无奈。他亲自执笔的零碎文章，一一道出他作为武术家的最终觉悟。

"'决斗'归根结底只是个人'本质'中的考验。"[40]

"玩拳击也罢，但要认真玩。"[41]

"没有中心也没有周围的时候，就会产生真实的感觉。自由表达自己的时候，你会形成整体的风格。"[42]

"对你拔刀相向的男人，反而处于不利的地位。那个男人一定会在格斗中失败。理由极其简单。从心理上说，那个男人只有一个武器。他的想法仅限于使用唯一的武器，而你在思考所有的武器，包括自己的手、胳膊肘、膝盖、脚、头，你从全方位考虑他的周围。"[43]

"同样热血的人会吸引对方。"[44]

从1963年的《基本中国拳法》到1965年的《功夫之道》，再到1970年《截拳道》，不难发现，从二十三岁至三十岁，李小龙对功夫的想法发生了迅速且不可逆转的变化。从模仿舞蹈教科书制作的防身术图册，经东方哲学和身体论，到脱离文化和传统，驾驭自我意识，可以看出他以惊人的速度加深了思考和论述。但是他没有机会继续执笔。因为进入20世纪50年代的他，已经离开了向他人教授功夫的、所谓"师父—弟子"的世界，而是专心将自己的功夫制成电影来扩大影响力。我们可以从《死亡的游戏》中对卡里姆的一战看到这种最接近完美的打斗方式。

那么，这种打斗方式是以什么样的形式准备的呢？我们接下来考察一下李小龙在美国时代参演电视和电影的方式。

活跃在好莱坞

　　李小龙最初和好莱坞接触是在 1965 年，20 世纪福克斯计划制作《陈查理长子》这一武打电视连续剧，他为扮演儿子一角前去试镜。虽然很遗憾这个计划被取消了，但他的试镜影像还保留着。

　　这件事激起了李小龙要进军好莱坞的野心。1966 年，他终于第一次成功出演了武打电视连续剧《青蜂侠》。这是除了唐人街的居民外，美国普通老百姓第一次看到影视中的功夫。李小龙以此为契机搬家到洛杉矶。1966 年至 1967 年，节目播出半年后，他一跃成为名人，被邀请在各种锦标赛上表演武艺。从 1968 年至 1969 年，他开始向好莱坞有名的电影演员和导演教授功夫，通过这些人脉关系，他得以在几部电影和电视剧中以配角的身份出演，或作为武术指导进行合作。

　　1969 年，他构思以武术的必经之路为主题，拍摄电影《无声笛》，为了取材而去印度旅行。计划以失败告终，而李小龙的挫折还在继续。1971 年，华纳兄弟企划了一部名为《战

158

士》的连续剧，设定主人公会用中国功夫，为此寻求李小龙的意见和协助。李梦想并期待成为主演，但最终从演员候选人名单中遭到除名。在香港收到这份通知的李小龙终于知道，自1959年赴美以来，孤军奋战了十二年的美国虽然是出生的故乡，但自己怎么也不能被接受。这是决定性的挫折。本章想以《青蜂侠》为中心讲述他和好莱坞的谈判。

《青蜂侠》是一部从20世纪30年代后半期到50年代在美国广播界大受欢迎的连续剧。作者乔治·W.特伦德尔因《独行侠》而闻名，独行侠的侄子布里特·瑞德在洛杉矶经营报社的同时，一旦城市发生了警察也无法解决的犯罪事件，他便立即变身帮助破案，这就是《青蜂侠》的主要情节。只有秘书和检察官知道他的真实身份。布里特有个日本助手兼司机叫加藤（Kato，如果硬要猜汉字的话可能是加藤），他会永远忠实地保护主人，用熟练的东洋武术击退强敌。他操着奇怪的英语口音说"是的，布里特先生"这一场景，因滑稽受到了欢迎。顺便说一下，珍珠港被袭击之前，这个角色是为日本人设定的，但之后就变更为菲律宾人。从原作者的另一部热门小说也可以推测出，加藤的作用有时会让人联想到跟随白人独行侠的聋哑的Tonto（西班牙语中愚笨之人的意思）。我 1965 年升入日本中学时，最先拿到的英语教科书中，有柔道家加藤先生的名字，和苏西、汤姆对话的一节也可以推测这位武术家加藤是多么有名。

1966 年 9 月开始在电视上播出的二十六部系列中，凡·威廉姆斯饰演的布里特身着商务西装，配以青绿口罩、青绿手套、灰绿色软帽的装束，最后漂漂亮亮地解决事件。加藤平时穿着管家服装，白色衬衫上系着黑色蝴蝶结，但在发生事件时，他会穿戴上一身非常像司机的毛领制服、制帽，也是一副青绿色的装束。两人坐上带有各种秘密装置的特殊黑车，从布里特宅邸地下的秘密基地直奔事件现场。考虑到 60 年代美国黑人民权运动和"黑骏马"这个口号的出现，这辆车被命名为"黑骏马"，可以说带有一定的讽刺意义。

布里特和加藤将要处理的是某个国家国王的未婚妻被绑架，或者是欺骗外星人的坏人在策划阴谋之类的事件。为了在二十六分钟的播放时间内解决一切，行动必须迅速。两人立即直奔现场，毫不犹豫地惩奸除恶，在警察到达之前离开现场。有一次，加藤去解决在唐人街发生的事件，陷入了与华裔恶人（丹·伊诺桑托饰演）的对决。唯独在这回的格斗场面中遇到由李小龙的高徒丹·伊诺桑托饰演的这个人物，加藤意外地输了。

布里特有时会用气枪，通常专门用拳头击打敌人。加藤和他形成鲜明对比的是，他会伺机迅速向敌人射出自己事先制造好的竹艺毒箭，阻止对方行动。偶尔也使用双节棍，但是身体的武技主要是踢——向对方抡起右脚踢，下一瞬间左转，用左脚踢。对方一弯下身子，立即用双手打他的背，然后再举起右手，劈向对方的左肩。一切都以可怕的速度进行，瞬息之间加藤又恢复到原来静止的姿势。有时他踢开脚下的箱子改变状况，有时从布里特的肩膀上拔出子弹，从他的一举一动可以看出其聪明才智。

布里特逐渐变得话多，他把女主角从地下室救出来，用气枪击晕老虎，在他一味大张旗鼓的行动中，加藤几乎不说话，只是默默地守护着他。他机敏而冷静，总是待在主人公身边，保持低调，但他的眼睛片刻也不会放松。有一次，布里特认为已经把恶人消灭了，悠然离开现场之后，加藤又一个人跑回来。他发现倒在地板上的恶人还有意识，马上一脚踢过去，等他完全昏过去后，才离开现场。

对李小龙来说，这是第一次在电视画面中表演身体动作。为了在小画面中完成动作，让观众信服，无论如何都要以露

《青蜂侠》，左侧为李小龙

脸的上半身为中心。他擅长的脚踢，要用长镜头才显得精彩，但在电视上却很难实现。他对冲绳的传统测量工具双节棍进行了精心设计，将其用作武器，这表明他希望上半身的快速动作镜头能多一点精彩。但是，除了这些拍摄现场中的问题外，让李小龙烦躁的是故事中加藤这个人物的设定。

后来在《精武门》中饰演抗日英雄的李小龙，在这一部作品中饰演了日本人的角色，对此感到意外的评论倒是没有。相比之下，他感到不满的是忠于主人的"东方仆人"那沉默寡言的顺从。他不满足于神秘小丑的角色，在1966年6月21日，节目开始录制才两周左右，向电视剧系列的制作人威廉·多兹尔寄去了这样的信：

"加藤确实是布里特的管家，但和犯罪分子格斗时的加藤是青蜂侠的'活跃伙伴'，不是'沉默寡言的随从'。我想我自己至少也偶尔说几句台词，这样肯定能和演员们更加'融洽'。在特写镜头里，什么都不做，只是站着就显得很酷，只有真正的专业人士才做得到。我也了解简约的效果，但为加强简约感，说点台词是有必要的。"[45]

今天，如果用录像机重新看这个系列，就会发现在诸多限制下，李小龙在表演上下了很大功夫。和香港的童星时代一样，他经常被放在各种不起眼的地方，几乎没有机会发言，但他冷静地判断情况，凭借敏捷的行动力和有节制的动作，为充满坎普趣味（特意保持一定距离欣赏俗物的审美学）的武打连续剧赋予了低调的主题。当然，美国的电视观众们不会忽视这个无名但具有特殊性格的亚洲青年。加藤受到了狂热的崇拜。李小龙去世后不久，华纳重新剪辑《青蜂侠》，制作了两部剧场版上映。

这部电视连续剧在第二十六部制作完工后，被以前就很有人气的《蝙蝠侠》代替。虽然《蝙蝠侠》在变身双人组这一点上与《青蜂侠》相同，但更富有坎普趣味，集齐了小丑和企鹅等孩子气的小人角色。为了节目的延续，制作方特意设计了青蜂侠和蝙蝠侠等四人同时登场解决犯罪事件的一集。在那次拍摄中，有一个有趣的插曲，即李小龙在饰演罗宾的演员面前假装要高调地踢他，完全把他给吓坏了。

《青蜂侠》并没有改变美国人心中的亚洲人刻板形象。但是，美国普通家庭通过电视看到李小龙的英姿，可以说是一个非同小可的转折点。1965 年，折磨亚裔移民长达 41 年的臭名昭著的移民法有了改变。美国为了接受优秀亚裔移民的到来，逐渐软化了态度。武艺高强、勤奋诚实的加藤，正符合这一时期美国政府的意识形态。

《青蜂侠》播出后，李小龙从 1968 年到 1970 年间参演了几部好莱坞电影。虽然都不是什么了不起的角色，但为了让大家知道当时的好莱坞如何看待华裔美国武术家李小龙，我先简单叙述一下其角色吧。其中很多剧本都是由拜他为师的斯特林·西利芬特负责。

《无敌铁探长》（1968），他饰演经营道馆的武术家莱昂·苏，穿着黑色练功服。排在前面的弟子都穿着柔道服。他的角色只需简单听取杀人事件的情况。

《可爱的女人》（1968）是美国热门家庭漫画的影视版。他在"寻觅情投意合的伴偶"一集中扮演行人角色。

《新娘驾到》（1968）以 19 世纪中期的西雅图为舞台，是以结婚为主题的故事。虽然他在片集"中国式结婚"中登场，但是没有武打的场面。

《超级情报员麦汉》（1969）是由莎朗·塔特和迪恩·马丁主演的间谍剧。由李小龙负责武术指导。这是莎朗成为猎奇杀人事件的牺牲品前不久的工作，这个角色与李小龙和波兰斯基的交往有关。

《丑闻喋血》（1969）是把钱德勒的原作拍摄成硬派风格

的电影，詹姆斯·加纳饰演私立侦探菲利普·马洛。李小龙饰演一个叫黄宏度的疯狂刺客，他突然闯入主人公的房间，一眨眼工夫就破坏了家具和日用器具。马洛为挑衅他而故意说一些暗示同性恋的话，他都会把这些话当真。因为马洛在阳台边躲开他的飞踢，黄宏度坠亡了。李小龙出演的第一部好莱坞电影，以扮演这样一位观众都无法理解的人物而告终。

《春雨漫步》（1969）由英格丽·褒曼主演，是一部以田纳西乡村为舞台的情节剧。剧中李小龙担任动作指导的演出，没有直接出现在银幕上。在这些作品中，李小龙的角色始终没有超出亚裔美国人的刻板印象。这些举止奇异的外邦人角色，始终没能成为表现美国社会民族多元性的符号。有些作品让人几乎不能理解他为什么必须在一些场面中出现。不难推测，西利芬特为了救助老师的经济困难，强行在自己的作品中添加了李小龙的戏份。

李小龙得到西利芬特的知遇后，为了向世界传播自己的功夫，有了制作电影的计划。其作品以《无声笛》为题，由西利芬特负责剧本，史蒂夫·麦昆主演，他的弟子罗曼·波兰斯基执导。这部电影描述的是一位青年武者选择武术之道后的修行故事。他每次遇到各种困难，都会被拿着长笛的导师训教，最后到达一定精神高度，直至完全能听懂老师所演奏的音乐。不用说，计划由李小龙演那位老师。

李小龙遭麦昆拒绝合作后，请詹姆斯·柯本担任主演。恰逢华纳看好以嬉皮士为代表的印度风潮，他们对该计划表示兴趣，但要求以印度为故事背景。于是，两人和西利芬特一起，从孟买开始，经克什米尔到马德拉斯（现金奈），进行了纵贯印度的取材之旅，但最终失败。印度人对李小龙的武功一点也不感兴趣，柯本对以这片土地为故事舞台表示为难。李小龙感到十分焦躁。由于柯本的转身离开，华纳退出，所以该计划再度失败。李小龙还向波兰斯基及其妻子莎朗·塔特教授武术。但莎朗在那次惊恐人心的"曼森事件"中惨遭杀害，这也成了李小龙受挫的原因。顺便一提，这个计划在李小龙死后因被人神化而再次启动，1978 年由大卫·卡拉丁担任导师，被拍摄成电影。[46]

为了弥补《无声笛》的失败，西利芬特向李小龙推荐了由派拉蒙影业公司制作的《盲人追凶》。1971 年制作的这部电视连续剧，可以说是李小龙在好莱坞时代的一个重要里程碑。在《66 号公路》中博得人气，因《炎热的夜晚》获得奥斯卡奖的铁腕编剧西利芬特，充分汲取了李小龙的功夫观。

《盲人追凶》的主人公是一位名为朗斯特里特的保险调查员，因不明身份之人发送的小型炸弹而失明。尽管困难重重，但他决心要找出犯人，在此过程中处处遭到危险袭击。不过他作为武打高手渡过了难关，人们认为这是故事的精髓。可以推测，这个设定受到了当时日本大映公司制作的、以拔剑神速的盲剑客为主人公的热门影视剧的影响。

李小龙在这个 23 集连续剧中，只出现了四集。第一集"Way of the Intercepting Fist"这个题名是他倡导的"截拳道"的英译，由此也可以看出这部连续剧与李小龙过去的出演作品有一定的区别。这归功于他的弟子西利芬特的剧本。这里主人公以倒叙的方式讲述了这样一个故事：有一天晚上，他差点被人从码头上推下来，李小龙作为救他的亚裔古董商"李"出现。面对为了复仇，一心求武的朗斯特里特，李一开始拒绝了他。不久，李知道他对人生的态度非常真挚，于是来访他家，并传授武术的基本知识。

首先，李一瞬间把抱着护具站着的失明的主人公踢飞几米远。他向旁人解释说那是截拳道，告诉主人公重要的是如行云流水般格斗。他接着解释说，在对手迈出腿的瞬间，踢

教导莎朗·塔特的李小龙

打膝盖的速度要比拳头快得多，而截住拳头是格斗的秘诀。接下来，李屏住气息在失明的主人公周围走动，让他推测自己所在的位置。另外，还传授了他从咏春拳的推手到蔽目黏手等内家拳法。失明的主人公犹豫是否要攻击眼部时，李反复强调格斗时要不留情面。"格斗不能只想着赢。要考虑会怎么输，才能顺利进行格斗。"

在与嫌疑犯码头工人的头目进行最后对决之际，主人公想起了这个教诲，终于获得了胜利。他在赶来的刑警面前说了一句"不是考虑如何获胜，而是考虑如何死亡"，然后离开了那里。另一集中，在朗斯特里特最后快要输给歹徒的时候，李小龙突然出现，向敌人踢了一脚，救出了他。

可以说，通过《盲人追凶》，李小龙在好莱坞以最理想的形式，表演了自己创造的截拳道，展现了截拳道背后的世界观。西利芬特和史蒂夫·麦昆、詹姆斯·柯本等人都是李小龙的功夫弟子，听从他的教导。西利芬特后来担任萨姆·佩金帕的《杀手精英》编剧时，加入了"忍者"角色。

《战士》是一个挫折，让李小龙下决心离开好莱坞，奔向香港。

最初，该剧讲述的是在19世纪中期，美中混血青年虔官昌无端被怀疑杀人，遂从清政府治下的中国逃亡，从事横贯美国的铁路建设，用曾经在少林寺学过的武功帮助弱者、挫败强者。他自己不喜欢争斗，但在不得已的情况下会诉诸武术。周围的人被他所体现出的东洋哲学与睿智感动，甚至将他视为英雄。李小龙被告知这个计划时，直觉告诉他这正是适合自己的剧本，对制作公司华纳，在细节上给予了大量的建议和武术指导。虽然如今已无法确认他在这个计划中参与到了何种程度，但至少可以肯定的是他本人曾经一直期待着主演。

但是，1971年12月，电影《精武门》的热映打破香港票房纪录后，居功甚伟的李小龙却收到了华纳从《战士》演员名单上将他撤下的电报。虽然电报上列举了太没名气或英语发音不完美的理由，但对于在《青蜂侠》中说一口完美的英语而深受欢迎的李小龙来说，这就是毫无根据的托词。实际上，可以一语道破其中真正的原因，那就是美国电视台赞助商对于每周放映的电视连续剧由外表是中国人模样的演员来扮演主人公一事感到担忧。李小龙在香港时代曾因夹杂着四分之一德国人血统而差点被禁止进入功夫道场，这次却因为完全相反的理由，失去了在好莱坞大显身手的可能性。结果《战士》被题名为《功夫》，1972 年在全美播出。主演大卫·卡拉丁是一位毫无中国血统的百老汇当红演员，他只是因为引人注目的演技与东洋武术很相配而被采用。他按照好莱坞的"传统"，被打扮成中国人的样子出场。关于功夫，卡拉丁只闻其名，并无真章，因此，他在这一系列的第一部作品中，只表演了照葫芦画瓢的柔道。[47]

李小龙在美国的时代就这样以决定性的挫折落下帷幕。1959 年至 1971 年逗留"母国"十二年，他的思维方式和生活习惯完全变成美国风格。他和美国女性结婚，用英语写书，像美国人一样说笑话。尽管如此，好莱坞绝不会把他当作亚裔配角或武术指导来对待。李小龙追求更具创造性、更高层次的演技和角色的野心和热情，全都被忽视和否定了。他答应邹文怀提出的条件，下定决心再次回到香港，继续做电影演员。但是曾经一度成为美国人的他，总是因在香港电影制作方式上的冲突而愤怒不已。他身处好莱坞和香港这两大电影产业的夹缝中，不知道如何实现自己怀抱的功夫电影梦。他一边忍受着周期性袭来的背部疼痛，一边再一次尝试实现他的野心。

第三部

香港功夫电影的发展历程

"功夫"在粤语中发音为"guŋ fu",普通话是"goŋ fu"。然而,即使用日语表示,也不需要特意拼写为"g",因为汉语的"g"和"k"并不像日语那样表示浊音和清音的区别,只表示不送气音和送气音的区别。我无所谓是"kun fū"还是"gon fū"。顺便说一下,"kan fū(kʌŋ fu)"的发音是美国式的新发音,就像把大冈升平发音为"uka·shohi"一样,表明这个词是通过美国而闻名于世的历史。本书不采用这种发音。以下内容中,我会习惯性地称它为"kun fū"。

"功夫"一词在普通话中通常指技术、技能和学习。这个词也与"工夫"相近,在这种情况下,它也意味着时间的分配和效率。在韩语中把勤学之事称为"工夫"(koŋbu)。

我们所说的"功夫片","功夫"是指一般的武术武艺。本来这主要是南方地区的用语。胡金铨是中国香港和台湾的电影大师,但一生都讨厌"功夫片"这个词,他称自己的作品为"武侠片"。"侠"是《庄子·说剑》篇中的词语,《史记》

中设有《游侠列传》。胡金铨出生于北京，在香港这片热土上他也一直用普通话拍摄电影，可能是因为他想在这里展示北方文化的精髓。[48]

具体来说，提到"武侠片"，就想到明末清初以中国前近代为舞台、以剑戟为主体进行展示的电影。人们也认为它相当于日本时代剧的武打片，其大多取材于武侠小说。另一方面，"功夫片"不使用剑等武器，把焦点完全放在主角们赤脚空拳的战斗上。虽然在香港电影流派中这两类武艺被严格区分开来，但每一部作品都有例外。例如，在胡金铨的杰作《忠烈图》(1975)中，倭寇桃太郎（洪金宝饰）上演了一个壮观的功夫场面，即使在功夫片中，赤拳面对拔剑坏人的善良角色设定也并不罕见。这种流派的电影易被称为"空手道电影"，空手道在接受中国武术影响的同时，在近代的冲绳又有独自形成的历史背景，所以这种表述并不准确。然而，就像"功夫"的发音一样，对于空手道这个名字的由来自该另当别论，我们需要进行相应的历史性讨论。

在讨论李小龙的功夫片之前，有必要简单追溯中国电影中武侠片和功夫片是如何制作的。1905年，中国首次在北京拍摄电影。然而，电影作为一个产业，主要以国际商业都市上海为中心。1927 年，出现了功夫片《方世玉》，接着是任雨田执导的《红蝴蝶》。1928 年，武侠片《火烧红莲寺》由张石川执导。在这部以《江湖奇侠传》为基础的电影中，浏阳和平江两个乡的人为了争夺霸权而互相竞争武术。浏阳的头目向昆仑山的金罗汉师求助，平江招来了红莲寺的邪恶武术家。各派武术家乱成一团，并尽其所能地展示剑术。因为这部作品大受欢迎，顿时在上海掀起了一股武侠片热潮。30 年代的上海，非常流行受好莱坞影响的现代主义电影，同时确立了两大主要流派，即功夫片和武侠片。

在受英国殖民统治的香港，电影业始于与上海资本的合作，为了迎合广东人，上海电影被频繁改编。1938 年，来自上海的洪仲豪用粤语拍摄了《方世玉打擂台》，很快就制作了四部功夫片。这是香港最早的功夫片热潮。

40 年代的香港制作了约四十部功夫片和武侠片。如《女镖师匠》(1941) 和《新关东大侠》(1949) 等电影多是转用了粤剧的武术场景。与以歌唱为主的精湛京剧相比，潮剧和川剧等地方戏剧以更传统的形态，保留了歌舞相伴的形式。可以说，这种舞蹈已经自成一体，并被带入电影。我们不应忘记当时的粤剧是通过美国华人社会才与好莱坞接触的这一时代背景。然而，这种大众戏剧的武术场景始终停留在舞台上，也没有走出古板的身体动作范畴。

直到 50 年代，功夫在香港电影中产生了巨大的意义。武术指导如袁小田、关正良、徐松鹤和陈少鹏等相继出现，形成了第一代武术指导。他们中的许多人是 1949 年后从上海来的武术家。袁小田把北方武术流派带到香港；在上海学习京剧，龙虎武师（武打演员替身）出身的陈少鹏，用模仿鹤、鳄、猴等动物的技法表演，丰富了功夫的词汇。他公然断言，从京剧到粤剧的传统大众戏剧与功夫片、武侠片的关系一直很紧密，自己的电影只不过是京剧的电影化。而后 60 年代胡金铨大展身手。(49)

这个时期的功夫片值得关注的是，1949 年胡鹏以关德兴为主角，拍摄了《黄飞鸿正传之鞭风灭烛》。从那时起，直到 1967 年，这个搭档的"黄飞鸿"系列连续拍摄了七十七部，在香港成为全民皆知的本地电影。如果包括后来的电视连续剧，总数量将超过一百部。因为这是在谈论李小龙之前的功夫片最重要的现象，我想在此先详细记述。

黄飞鸿（1847—1925）是生于清末民初的真实人物。他出生于广东省南海市，从小就从父亲那里学习武术。相传，这位武术家在钻研和教育的同时学习中医，一边往返香港和广州，一边劝谏西洋人的蛮横，向民众宣传民族主义理念。如《岭南奇侠传》所写的那样，黄飞鸿的一生在他去世后成为一代传奇，"二战"后，朱愚斋整理其门下高徒林世荣的谈话编成的《黄飞鸿传》出版后，引起了更多的关注，并计划拍成电影。由于当时香港电影业涌入了一些上海电影人，他们制作的许多国语电影占领了市场，因此迫切需要使用粤语这一香港原始语言来确认香港人自我身份的题材。

饰演黄飞鸿的关德兴 1905 年出生于广东。据传，他不仅有训练有素的体格，而且瞪大的眼睛锐利无比，洪亮的方言更突出其人物形象，是一位拥有"活武松"绰号、演技豪爽的粤剧演员。1935 年，他第一次出现在电影《昨日之歌》中。他自己也经常打洪家拳和白鹤拳，不久就创造了无极刚柔拳。据说在饰演黄飞鸿的时候，他以孙文的演说为范本，研究威严的谈吐法。

由关德兴饰演的黄飞鸿，体现了香港人一种理想的人格。他坚持以儒家思想为基础，遵守封建时代的正义感，严于律己、宽以待人。他利用擅长的拳法，惩恶扬善，控制自我欲望，宣扬君子之道。黄飞鸿的理念是：中国人应拥有自

《黄飞鸿狮王争霸》(1957)

豪，决不低头，摆脱羞耻和屈辱，审视香港被殖民统治的历史，推翻西方人统治。他相当于日本电影里的头目清水次郎长，背后有好几个手下对他誓死效忠。一个来自北方的邪恶武术家，总是侮辱和挑衅黄飞鸿，黄飞鸿一直坚持忍耐到最后。终于，他挥出令人不寒而栗的拳法击退了恶人。扮演这个恶棍的就是石坚。事实上，石坚后来对李小龙有很大的意义。我想请大家先记住他的名字。

胡鹏的系列片取得了巨大的成功，成为香港粤语片的杰出代表。海外唐人街的电影院老板们争相发行有"黄飞鸿"之名的影片，有时制作太仓促，没有剧本就开始拍摄。在 20 世纪 60 年代后半期，粤语片衰落后，该系列转至电视，仍长期受到百姓喜爱，与日本的《水户黄门》不相上下。1994 年，关德兴出演《大富豪》后，于 1996 年去世，享年九十一岁。

进入 90 年代后，"黄飞鸿"系列像不死鸟一样复活。由香港新浪潮的徐克执导、李连杰主演的《黄飞鸿新传》再次被制作成系列电影。[50] 在五六十年代的香港电影中，它是一部与专门以女性观众为对象制作的音乐剧《梁山伯与祝英台》同时受到男女老少喜爱的本土电影。

除了"黄飞鸿"系列外，20 世纪 60 年代是香港武侠片、功夫片大放光彩的时期。如刘家良和唐佳等第二代武术指导纷纷出现，《南龙北凤》（1963）和《云海玉弓缘》（1966）等武侠片让民族主义理念反映在武术上。与陈少鹏同为上海龙虎武师出身的韩英杰引进了蹦床，设计出使剑士们的跳跃看起来更华丽的演出。在亲自出演"黄飞鸿"系列的同时，他对胡金铨的《大醉侠》（1966）和《侠女》（1971）等武侠片做出了巨大的贡献。

另一方面，水平不亚于以往作品的新型功夫片和武侠片开始出现。导演张彻为了对抗京剧、粤剧等舞台剧的武术表演，对直接采用咏春拳、洪拳等真实的南方拳法表现出了积极的兴趣。他不满方世玉、胡惠乾、黄飞鸿等一直以来都只是刻板的英雄人物，执导了以孤独、内心空虚的武术家为主人公的《独臂刀》（1967）。故事讲述了一个青年，被嫉妒心强的师父的女儿砍掉一只手臂后，化作冷酷的杀人机器进行殊死战斗。张彻和萨姆·佩金帕的《日落黄沙》几乎在同一时期，都在决定胜负的瞬间引进了慢动作。此外，他还批评"少林寺"的名字一直以来总被随意使用，在《方世玉与洪熙官》（1974）中首次拍摄了严格基于少林寺现实的电影。这样，以传奇人物展现朴素的劝善惩恶之作的武术电影消失了，被赶出集体、对传统文化持怀疑态度的个人彷徨的故事，成了功夫和武侠电影的中心。

在振兴 60 年代功夫、武侠片的过程中，有两个外部因素起着关键作用。一是小说家金庸的武侠小说成为畅销书，相继被策划拍成电影；二是东亚另一个电影大国日本的时代剧相继在香港上映，给电影人带来了刺激。胜新太郎的《座头市》带来的影响特别大，他与招牌演员王羽合作共演了《盲侠大破唐人剑》。据张彻回忆，他看了黑泽明的《七武士》传入香港后被译为《七侠四义》，得知在武侠片这一类别中也能拍摄出具有艺术性的高质量作品，从而获得了自信。[51]

以上是 70 年代初李小龙在《唐山大兄》中作为功夫演员出道之前，香港功夫、武侠片的简要历史。李小龙的出现，从各方面来说都是革命性的事件。

他有一位身为粤剧大师的父亲，但并没有在戏剧传统的延伸上进入功夫片的世界。童星时代擅长表演学过的侧翻，但成为功夫演员后，他那一手杂技表演被严格禁止了。奇怪的是，他和张彻一样，少年时代最先学习的是咏春拳，最初不是作为舞台演员，而是扮演武术家展现格斗场面。

此外，李小龙与以往的大多数香港电影人相反，他不用背负上海（或者广义上的内地）的任何文化和心理上的压力，而可以在香港毫无顾忌地活跃。他敏感地关注好莱坞的动静，对传统武术中固有的儒家式师徒关系几乎漠不关心。在他的主演作品中，大部分情况下，拥有家长式权威的人物都会被主人公打倒。而且李小龙主演的香港电影的基本特征之一就是师徒意识淡薄得可怕。[52] 他没有男人之间羁绊的支撑，总是单独行动。作为英雄的那种孤独状态，以往的香港电影中很少看见，某种意义上更接近克林特·伊斯特伍德和史蒂夫·麦昆。

尽管这样的特征仿佛宣告了他与香港电影界传统的决裂，但李小龙还是和过去功夫、武侠片的英雄们有不少本质上的共性，并强烈地继承了这些特性——那是从身体中散发出的禁欲思想和民族主义热情。以下通过研究五部电影的细节，审视一下其真实的情况。

《唐山大兄》——移民工人

1971 年，在香港邵氏兄弟电影公司担任董事的邹文怀重新设立嘉禾，向邵氏挑战。这个新兴电影公司资本实力弱，也缺少人气明星，于是邹文怀找在美国的李小龙谈话，提出两部电影 1.5 万美元演出费的条件。从好莱坞的水平来看，这是一笔非常便宜的片酬，柯本和西利芬特劝李小龙拒绝这次约谈。但是，他因在美国相继遭受挫折而疲惫不堪，加上经济的困窘，尽管条件恶劣，他还是接受了这项工作。

得知李小龙和嘉禾签约的邵先生，提出比以前所有演员都优厚很多的条件，再次邀请他。但合同一旦签定便无法更改，李小龙被邹文怀带回了香港。7 月，李小龙从曼谷机场出发，前往舞台，在与好莱坞的预算、器材、演出方法完全不同的环境中，出演了回国后的第一部作品。离他上次在香港出演最后一部电影，已经过去了将近十二年的岁月。

就这样，《唐山大兄》的拍摄开始了。制作预算只有 10 万美元，拍摄天数只预定了 34 天。剧本只是类似备忘录的笔记，器材老化得可怕。搭档几乎没有，影片中的妓院和妓女都是"现成"的。吴姓无名导演最初参与演出，但由于接连下雨，工作人员士气低落，导演不久由罗维接替。这位拥有八十部以上作品的老导演早已习惯现场，但李小龙认为罗维已经对电影制作几乎没有热情了。他一边看着赛马的电视转播，一边向演员们发号施令，移动摄影机。虽然画面的焦点多少有点模糊，但他一点也不在意。理所当然地，他与李小龙发生了激烈的冲突，争执在电影完成后也持续了很久。

李小龙面对的对手，除了罗维还有另外一人，那就是上海京剧剧团出身的韩英杰。韩英杰以前就是在胡金铨的电影中展现优雅精湛的武打场面的人物，在这部作品中也被任命为武术指导。擅长南方功夫的李小龙强烈反对他，最终成功掌握了武打场面上的主导权。

对李小龙来说，在泰国乡下拍戏绝非轻松的体验。他不慎打碎玻璃杯，割伤了手，扭伤了脚，以前的背疼也开始发作。在酷暑难熬、与不合拍的工作人员的争执中，他一边打着止痛药一边进行拍摄。

《唐山大兄》的"唐山"从广义上来说表示中国大陆和汉族。"大兄"也意味着兄长，但日常生活中人们一般用"大

《唐山大兄》公映海报

哥”一词。来自大陆的大兄，这种不经意的表达，暗示着说这种话的人现在不在中国，即身处异国。当知道故事背景是泰国的乡村，在那里的制冰工厂工作的贫困中国工人是主要人物时，这个题名所蕴含的意义之深就浮现出来了。开头的标题背景一次又一次重复闪现使出跳跃踢的李小龙的画，背景轮换为阳光、蓝天、闪电，风格简朴，这部作品在三周内赚了310万港币，但从这里便可看出它最初是一个低预算的企划。(53)

电影初始，一艘摆渡船来到泰国乡村小镇的码头，一位名叫潮安（李小龙饰）的青年在三叔的陪同下下船。他胸前挂着妈妈给的挂链，（虽然不知道发生了什么事）那是无论如何都不诉诸暴力这一誓言的象征。走在乡间路上的两个人，遇见在小摊上做刨冰的少女（苗可秀饰）受到四个流氓的骚扰时，也一动不动地忍耐着。许剑（田俊饰）赶来打走了流氓。他是潮安的表兄弟，在潮安即将工作的制冰工厂的中国劳动者圈子中，可以说是一位值得信赖的大哥。潮安在许剑的带领下到达宿舍，宿舍里住着一群中国伙伴，里面有一位美少女巧梅（衣依饰）。对当地情况不甚了解的潮安得到许剑的庇护，并跟随他。

管理制冰厂的是一位名叫沙密原（韩英杰饰）的社长（也许这个名字是为日本人设定的）。所谓制冰厂，是一种瞒天过海的假象，实际上运输装在冰块里的毒品，这桩危险生意一直秘密进行。有一次两个工人偶然知道了这个秘密，被叫到了现场监工的事务所，厂里打算用钱封口。他们拒绝封口费，马上被保镖们杀害了。对同伴的失踪感到怀疑的许剑，去社长的豪宅进行谈判，但没有任何结果。他刚踏出宅邸的瞬间就被保镖们谋杀了。巧梅哀叹哥哥的失踪，愤怒的伙伴们为了抗议，从第二天早上就开始罢工。保镖们立刻袭击他们，工厂上演了大规模的混战。潮安在那之前一直保持沉默，但最终忍无可忍。他扯下胸前的挂链，一下子打垮了七个敌人。工人们士气大振。但是，老奸巨猾的沙密原解雇了现场监工，将潮安安排在那个位置，想要怀柔他。潮安被请到宴席上，从来滴酒不沾的他完全昏醉，最后和安排好的妓女同床。第二天早上，他一个箭步飞跑出妓院，差点撞到拿着要洗的衣服走在路上的巧梅，感到非常尴尬。他没能解决失踪事件，回来后完全失去了伙伴们的信赖，从此意志消沉。但是，他从昨晚的妓女嘴里得知了制冰厂的秘密。

偷偷进入工厂地下仓库的潮安知道，不仅有鸦片藏在冰的内侧，许剑等伙伴们的尸体也被冷冻在冰里。这是一个充满奇异、令人联想到恐怖电影的场面。沙密原的儿子和手下们随后到来，双方上演了殊死搏斗。潮安把他们全部消灭后，疲惫不堪地回到家，却得知伙伴们全部被屠杀、巧梅被绑架的事。第二天早上，他从深深的后悔中重新振作起来，充满仇恨地与沙密原对决。在打败这个强敌之后，成功逃跑的巧梅叫来了警察，逮捕了沾满鲜血的潮安并将其带走。

《唐山大兄》的故事发生在泰国的乡下，主要出场人物是华裔移民工人，这一点绝对不可忽视。在这部影片制作的1971年，中国的"文革"还在继续，劳动者不像现在这样可以轻易到国外工作，所以出现在这里的人，都是从香港乡下的村子里出来打工的、最底层的劳动者。他们和他们经营的冰块（泰国与美国并列，是国民人均耗冰量最多的社会）一样，都是抛售、搬运后被消费的存在。一般认为即使把毒品藏在透明的冰中也很快会被发现，还是先对此不予探究吧。

在这部电影中，作为中国人的民族主义自尊还没有像下一部作品《精武门》那样明显地表现出来。登场人物包括妓女在内都说中国话，除了街角的招牌和墙上的传单之外，几乎看不到当地语言泰语。从人物设定来看，沙密原手下的小流氓们也可以是泰国人，但他们身上没有表现出身为泰国人的符号，泰国人和中国人不是分得那么清楚（就像之前说的，也有可能是日本人）。尽管如此，这里重要的是，故事围绕着南方一群小规模的华人圈的危机展开。所以，香港电影不仅仅针对香港，而是以遍布世界各地华人街的电影院为发行对象而制作的。

"唐山大兄"就是对保护从中国来的少数族群免受外敌侵害的人赋予的敬称。影片开头，三叔说起家乡村庄的传闻，大家都津津有味地聆听。他们的生活就如居住在战前的巴西和秘鲁殖民地的日裔的状况。李小龙饰演的潮安是一位流亡异乡，新加入这个群体的人。他就像20世纪60年代日本日活动作片里的人物一样，默默无闻地游荡在异乡之地。只是，小林旭和赤木圭一郎等最终给群体带来和平和秩序后离开，而潮安由于自身招致的暴力事件，无意间导致群体灭亡，最终陷入最坏的境地。

李小龙最大的特点是他一生对中国内地几乎不感兴趣这一事实，后面还会详细论述。回顾香港电影史，从20世纪50年代到60年代，文化程度不高的"阿灿"们，来到现代化的香港等地，遭遇罕见失败的喜剧层出不穷。70年代许冠文主演的《半斤八两》系列，将来自内地的香港移民的悲哀塑造成了喜剧，80年代以后的新浪潮，拍摄了许多回归中国后欲要在中华文明中发现真正自我身份的影片。[54] 李小龙置身于这样的潮流中，所出演作品的背景通常不是陆地，而是海上及海外的地方（泰国、意大利、中国南海的孤岛），这一特性被普遍看好。个人认为，这与他作为华裔美国人的生存有关，但从更广泛的意义上来说，19世纪与西欧近代接轨后，中国人真正开始漂洋过海、移居他国的现象，也明显地浮现出来。

潮安这个青年的性格，大概就是李小龙自身某些特性的投射吧。他曾有过在香港乡下终日打架和使用暴力的过去，因母亲拼命管教才改过自新，漂流到了泰国。直至最后，他一直忍耐着屈辱和挑衅。要忍辱负重，不可随便动武——母亲给他的挂链，不仅有亲人的回忆，也展现了其背后自我克制的道德感。挂链被破坏的瞬间，他突然发出怪鸟般的叫声，向敌人展示拳法，瞬间打倒对方。但是，那未必是对传统道德的否定。让主人公感到后悔的是，他完全违背了母亲的教导。这里有趣的是，为什么潮安背后的传统群体要以母亲为媒介来表现呢？中国社会根基中的儒家道德始终以父亲的秩序为宗旨。但是，《唐山大兄》的主人公中似乎没有父亲，只有和威权人格无关的三叔作为亲属登场。我们接下来将在李小龙的电影中讨论父爱缺位的问题。

在潮安的内心，除了有关暴力的禁忌之外，还存在着另一个与女性相关的禁忌。他对许剑的妹妹巧梅有着一点好感。同性朋友的妹妹这一设定在包括日本和韩国在内的东亚电影中极为显著，可以理解为是同性友情的延伸。(55) 但是，这并没有得到充分的发展，也许应该理解为潮安的同性社交（homosociality）能力弱的表现。与之后的许多香港动作片不同，在《唐山大兄》中，男人之间的友谊只停留在极其淡薄的层面上。许剑在与潮安结下深厚友谊之前就被无情地杀害了，活下来的工人们也不信任被新任命为现场监工的潮安。通过李小龙的电影可以看出，他本质上是一个与同性社交无缘的人物。这正说明了与善于同性社交的周润发、张国荣等香港巨星相比，他在香港电影中所占据的位置非常独特。他经常扮演无依无靠、总是在绝对孤独中与强敌对抗的英雄的原型。

尽管如此，潮安不敢接触女性这一点合乎同性社交的理

《唐山大兄》中李小龙与衣依不做多余的接触

法，因此他绝不会碰巧梅。巧梅在河边遭到性骚扰，跑到偶
然路过的潮安身边，但他看起来很尴尬，一直保持两人的身
体距离。他试图轻轻地拍一下为哥哥的失踪而哭泣的巧梅的
肩膀，但又犹豫不决，仿佛想起了什么。沙密原为招安而设
宴款待他时，他醉得不省人事，误以为坐在旁边的妓女是巧
梅，想要将她揽在怀里，从中也可以看出他内心深处的压抑。
无意中春宵一度的潮安，于第二天早上满怀悔恨地离开妓院
时，差点与拿着衣服要洗的巧梅相撞，这一场面可以说是青
春电影的精彩一幕。禁止接触女性的禁忌，即使在暴力禁忌
被打破后，也一直束缚着主人公的内心。

相比之下，宿敌沙密原却以好色为特征。他经常在身边
安排两个按摩小姐，把烟管里的东西扔在女人的胸前，在妓
女的乳房上留下几处烧伤的痕迹，有着虐待狂的性癖。他在
儿子的怂恿下，断然绑架巧梅。知道这事的潮安，闯入沙密
原的豪宅，把他打得浑身是血。最后，他想把左手贴在平安
逃出来的巧梅的脸颊上，但还是放弃了。他给自己定下的规
矩，即不能用沾满鲜血的手触摸清纯的少女，这在日活动作
片中也是通用的约定，在这里，郑潮安在回避女性理论的延
伸线上演出了一幕。顺便一说，给他戴手铐的警察们是巧梅

打电话叫来的。

《唐山大兄》很早就明确贯穿了李小龙电影的原则，即海外侨胞、对女性的排斥和同性社交意识的淡薄。那么，我想在这里换一下话题，就这部电影中的功夫场面叙述一二。

1. 看穿了对方出老千的许剑和潮安深夜从赌场回来的路上被六个泰国小流氓包围的场景。两人挽着胳膊一下子跳得很高，超过了想要袭击他俩的人的头顶，在对面着地。许剑拼命地展现华丽的武打动作，但潮安对母亲的挂链很在意，没能像许剑那样拼命。他用胳膊肘打了两侧敌人的腹部，对方一蹲下来就用两拳打对方的脸。在这期间，他凝视着正面，不去看对方的姿势，以左右对称的方式准确地攻击对方。这种游刃有余的攻击方式，把自己伪装成完全没有攻击能力的样子，让周围敌人放松对自己的警惕。

2. 沙密原在宅邸的草坪上给手下排练的场景。在这里，演京剧出身的韩英杰展现出了优雅、魅力十足的功夫。他用没有出现在镜头上的蹦床高高跳起，斜着身体，轻轻松松地跃过排列着的手下们中间。利用慢动作摄影，突出运动曲线的优雅。落地的瞬间，他掏出事先藏在小腿里的短刀，漂亮地完成动作。他的样子就像巨大的黑蝴蝶或者蝙蝠在飞舞。虽然场面很短，但在胡金铨的电影里真实展现了著名演员韩英杰的精彩表演。李小龙的功夫观与韩英杰有很大的不同，在之后便一目了然。

3. 在电影接近一半的四十四分钟，潮安得知挂链断裂、禁忌解除后，突然发出怪叫声，与拿短刀的保镖展开对决的场景。胜负轻易便见了分晓。李小龙在这里，瞬间用右脚踢掉对方握在右手的短刀，使右手大幅摆动，左手向后转，这次用同样的右脚高位侧踢，给敌人的左脸强力的一击。这个时期的李小龙和韩英杰不同，没有在这样决定性的瞬间使用慢动作。这里的问题无非是速度。但是，他所展现的功夫的巨大魅力是高度的自觉性，这一点从实际训练中也可以反向推测出，比起冲击力弱的高位侧踢，他更侧重于准确快速的低位侧踢。高位侧踢是非实战的，是展示精彩场面的演技。

4. 潮安第一次访问沙密原的宅邸，在草坪上被四条狗袭击的场景。也许这个场景是在拍摄早期完成的，李小龙还没有在功夫场景上确立主动权，而是按照韩英杰的指示，利用蹦床跃过猛犬们。这里使用了短镜头的重叠，表现出一连串的动作。

5. 在制冰厂的地下仓库（封闭空间）与众多保镖们对决的场景。李小龙面向摄像机正面挥动右手，全身大幅向右后方弯下，一边旋转一边用右脚高踢。他用伸长的脚尖，对敌人的肩颈进行攻击。不仅如此，在下一个瞬间，他再一次用右旋踢攻击对方的侧腹部。对方身体被踢飞，肩膀撞在墙上摔倒。这里虽然看起来像是连续的动作，但实际上是三个镜头的快速组合。顺便说一下，讨论李小龙电影的人，无论在什么情况下，都按银幕所展示的去理解他的功夫，并一味感叹，但千万不能忘记，那始终是通过蒙太奇的技术重构了几个运动的影像。

6. 紧接着在工厂外面（开放空间），为了避免武打单调乏味，连续采用了三个带有喜剧气氛的插曲。最初，李小龙对包围自己的敌人狠狠地挥拳而上，让敌人的头部相撞。接着，他背对木墙，三人同时扔出短刀，李小龙用双手拔出因微小的误差扎在墙上的三把短刀，将其扔回去后，三个敌人同时倒下。最后，他把另一个对手逼到墙角，狠狠地打他。对方在墙上只留下人形，身体穿透到墙的后面。虽然这最后的场景看起来很荒诞，但实际上是由三个镜头合成。只是因为踢击交替太快了，观众们不知不觉中相信那就像是现实中发生的一样。

7. 最后是潮安和沙密原在草坪上对决的场景。从字面上看是这个电影达到高潮的场面，与2相比，可以明确了解两者功夫观的不同。韩英杰首先单手持鸟笼登场，又把它吊在附近的树上，李小龙快速掷出手上的短刀击落笼子，让关在里面的鸟逃走。鸟隐喻被囚禁的巧梅，同时也是之后格斗场面中出现悠长鸟鸣的原因。韩英杰的特点是缓慢。他悠然地摘下眼镜，面无表情地默默看着对方。与之相对的李小龙被设定为复仇的角色，一边连续发出怪叫声，一边挑衅韩英杰。韩英杰行走在草坪上的脚步声让人联想到蛇。对此，李小龙紧张地面对韩英杰，拳头关节发出咔咔咔（当然是拟声效果）的响声。

他们最初往上大幅纵跃，在空中战斗。不用说，这是韩英杰擅长的舞艺动作。韩英杰穿着蓝色练功服一直坚持战斗，李小龙的白衬衫渐渐染上鲜血，皮肤暴露了出来。第二次跳跃的时候，李小龙成功地在空中用力踢了韩英杰的脸。韩英杰口吐鲜血，从这一刻开始处于劣势。他卑鄙地掏出藏在小腿里的短刀（见2），一下子砍向李小龙赤裸的胸部。于是，李小龙脱下撕得破破烂烂的衣服，光着上身战斗。他聪明地将脱下的衣服缠在韩英杰的右手腕上，成功封住了对方的短刀。两人再次往上大幅纵跃。紧接着韩英杰向李小龙掷出短刀，李小龙用脚尖将它踢回去，刀刺入了韩英杰的胸膛。李小龙把另一把短刀也刺入他的腹部。虽然韩英杰已经倒在地上，但所有同伴都无辜地被屠杀了，李小龙痛恨不已地跨在尸体上，左右出拳不停地打他的脸。不久，逃跑出来的巧梅叫来了警察。在警察面前，浑身是血的李小龙举起双手，铁链铐在了他的手上。

从《唐山大兄》的打斗场景可以窥视，韩英杰和李小龙围绕武艺展开的激烈争霸在每个场景中都出现了差异性。出身京剧的韩英杰，有时不惜利用杂技表演优美的舞艺，巧妙地编辑短小的镜头，让观众体验到惊奇，而李小龙始终作为实际的武术家，习惯长镜头拍摄方法，喜欢用影视将现实中发生的身体本能动作记录下来。有些场景中韩英杰的演艺占优势，另一些场景中李小龙的演艺占优势。但是在最后两人决斗的场面，可以肯定的是李小龙最终掌握了主动权。在拍摄《唐山大兄》的1971年，韩英杰在胡金铨的《侠女》结尾处，展现出了精彩而充实的武艺，与李小龙那时候相反。知道这一点的人可能会有印象：《唐山大兄》最后对决中的韩英杰已经把主动权交给了李小龙，并没有投入太多的热情。这意味着从 20 世纪 40 年代开始，支配香港动作片的北方系京剧武术演出，在 20 世纪 70 年代初让位给了南方系功夫。

《精武门》——抗日民族主义

《唐山大兄》三周赚了 310 万港元，打破纪录，得知此事的邹文怀立即起用李小龙，着手制作第二部作品。这部被称为《精武门》的影片，以 1908 年的上海为舞台，以真实存在的武术家霍元甲的死为素材而编写。[56] 和《唐山大兄》一样，导演都是罗维，他还作为演员饰演了执着追捕主人公的刑警。拍摄时间为六周，制作费和上次一样为 10 万美元，其中相当大一部分花在了日本庭园和日本房屋的配置上。拍摄由来自台湾的陈清渠负责。如果说前作是以海外华人的尊严为主题的话，那么这部作品更加聚焦于中国人的民族尊严。

《精武门》讲述了这样一个故事：

在阴沉的天空下，陈真冒着大雨回到精武门武馆。他是得知师父突然去世，大老远赶到上海的。在墓地，葬礼已经开始。穿着白上衣和白裤子的陈真，挤进穿着黑雨衣的人群，想要清除师父棺材上的泥土，但被阻止了。在此插入标题背景。

两天后，青梅竹马的丽儿（苗可秀饰）安慰茫然若失地坐在祭坛前的陈真。三个高徒来到跟前，解释说师父死于肺病，但陈真不相信。在告别仪式上，继承师父衣钵的范黄（田丰饰）致悼词——肩负中国命运的青年们要锻炼精神和身体，为祖国的和平而努力。在这里，男人们都穿着黑色练功服，女人们穿蓝色练功服，只有陈真一个人穿着白色衣服，暗示着他在精武门是特别的弟子。弟子们正怀着肃穆的心情追悼师父时，身穿西装的胡恩（日本武馆的翻译，魏平澳饰）带着两个日本人闯入。他们抬着写着大字"东亚病夫"的牌匾，侮辱精武门。陈真一边掰动手指关节，一边愤怒地颤抖，胡恩拍了拍他的脸，用手指戳了一下他的头，向他挑衅。但是，他听从范师父的话——"武术是为了和平，绝对不可以争斗"，努力忍受侮辱。

第二天，陈真去位于虹口（日本人居留地）的起倒流柔道武馆，把昨天的牌匾归还。他一下子打倒了日本人，宣布自己没有病，并打碎牌匾玻璃，把里面的纸撕碎塞进他们的嘴里，"这次给你吃的是纸，但如果有下次，给你吃的就是玻璃"，说完台词后扬长而去。武馆馆主铃木回来后听完事件的始末，发誓要报复。另一方面，怒不可遏的陈真看到公园门

《精武门》公映海报

口挂着"狗与华人不得入内"的牌子，向印度门卫提出抗议。当时他正好看到有西方女性带着小狗入场，于是一下子高高跳起，将牌子踢得粉碎。

日本武馆的人来报复精武门。他们以多欺少，对少女也毫不留情地施以暴力。祭坛也免不了被破坏。但是，代理师父的青年（田俊饰）拼命守护着师父的遗像。日本人离开后，陈真回到武馆，精武门的人认为是陈真过分的个人行为招致了这次袭击。他们恳求陈真为了伙伴们着想逃离上海。其实陈真本来是为了向丽儿求婚才回到上海的。两人在师父的祭坛前握着手，不眠不休地度过了一段时光。

陈真偶然在厨房角落听到日本厨师和冯管家（韩英杰饰）的密谈，这才知道其实师父的突然死亡，是因为他们下毒。他将两人打死，把尸体吊在街角。第二天，精武门引起骚动。但是，受到更大震惊的是铃木，因为这个厨师是他弟弟。上海人华刑警（罗维饰）立即应日本领事馆的请求，造访精武门，宣布立即交出陈真，否则将封锁武馆。不知道陈真下落的精武门，对此完全失于应付。

日本武馆为了欢迎流亡而至的俄国柔道家彼得罗夫，举行了艺伎到场的宴会。以铃木为首的所有人背对着富士山壁画，津津有味地看脱衣舞表演。喝得烂醉如泥的胡恩，卑躬屈膝得像狗一样起身离开，刚出门就被伪装成人力车夫的陈真绑架。审问胡恩的结果表明，师父的暗杀为铃木所指使。第二天早上，胡恩的尸体又被吊在街角。对陈真的不寻常行为感到棘手的华刑警威胁说，要是不交出他，精武门全员将会被送进拘留所。

陈真假扮成卖报纸的老人和电器修理工，潜入日本武馆，努力收集信息。在武馆，彼得罗夫等人，用手将钉子打入木板，乐于游戏般的武艺。顺便说一下，饰演电器修理工的李小龙，戴着杰瑞·刘易斯那样的眼镜，邋里邋遢地张着嘴展现了他童星时代在《诈癫纳福》中表演过的精彩的小丑形象。他甚至闯入铃木的接待室，得知了日本人计划今晚突袭精武门，杀害所有人。另一方面，在精武门被范师父缠住的丽儿透露，陈真夜宿在师父墓前。于是，精武门的几个人为了让陈真平安逃跑，深夜前往墓地。

不久，陈真袭击日本武馆，先是和彼得罗夫决斗，然后和铃木展开殊死搏斗，都出色地打败了他们。在墓地找不到陈真的丽儿一行人回家一看，惊讶地发现大部分门人都被屠杀了。范师父第一次领悟到陈真是对的，但为时已晚。日本

《精武门》结尾时的大跳跃

领事和华刑警赶到那里。幸存者们向华刑警逼问，如果要追究陈真，为什么对日本人的杀戮视而不见呢？但是他用悲痛的声音说："不要恨我，现在日本人的话就是法律。"这时陈真出现。他对屠杀震惊不已，询问华刑警，如果自己自首的话，精武门的生存是否会得到保证。他对在场的日本领事怒吼："别碰我！"随即被刑警带出精武门。在大门外面，不仅中国人，连租界的外国警察也持枪在等着。看到这些情形的陈真，甩开华刑警向门跑去，连挨了几颗子弹。电影以李小龙向正面大幅跳跃的动作结束。

李小龙饰演的陈真是一个非常有激情的青年，他不再像《唐山大兄》中的潮安那样是一个粗野呆板的小丑了。从唯有他一人全身穿着白衣服，提着白色的包赶来参加师父的葬礼开始，就可以推测他是特别的存在。不同于放声大哭的众多门生，他是师父生前特别关照的弟子。

陈真和潮安不同的地方还有一点，那就是他和丽儿的爱情戏，他是为了向她求婚而回到上海的。两人深夜在师父的墓前互相诉说未来的梦想——结婚后生两个孩子，开武馆继承师父的遗志。但是，对于犯下杀人罪行、被警察和日本人追捕而隐藏身影的陈真来说，这已经成了不可能的梦想。一开始，两个恋人在悲叹中战战兢兢，紧接着仿佛下定了决心似的接吻。那是李小龙所有电影中唯一出现的接吻场面，可以把《精武门》与其他三部功夫电影区分开来。

陈真憎恨邪恶行为，始终探索真相。他对突然闯入葬礼现场的日本武术家和翻译胡恩所带来的屈辱，决心要进行报复。这不仅是对他个人和精武门的侮辱，也是对全体中国人的侮辱。从这个意义上说，胡恩尽管是中国人，却去当日本人铃木的手下，一旦被命令，甚至不惜模仿狗的模样，这样的人理应被吊尸街角。

但是，另一方面，陈真后悔自己为了复仇，使用师父教过的拳法杀了三个人。这种感情随着电影的发展越来越强烈。从日本厨师到冯管家、胡恩、彼得罗夫，随着杀人次数的增加，他的杀人方法也越来越残酷无情。与此同时，获得胜利后的一刹那，向他身上袭来的却是空虚无力和越来越强烈的后悔。后文在分析功夫场面的时候还会谈到，摄像机成功地捕捉到了李小龙的这种表情变化。

在这部电影中，李小龙两次跳得很高。第一次是为了踢碎公园门口悬挂的蔑视中国人的告示，第二次是在电影的末尾，面对手里拿着枪的警察和外国人，表示反抗和不服的意志。这也意味着李小龙面对作为监护人想带走他的导演罗维（饰演刑警）的反抗（虽然显得有些不尽如人意）。

这第二次跳跃，定格在他于正面空中高高抬起脚的一瞬间，并没有告诉观众如何落地。从画面响起的枪声来看，也许下一刻他就被枪弹打成了蜂巢，跌落在地。但是，导演罗维这时停止拍摄，暗示陈真的跳跃直到现在，都永远冻结在真相之下。这意味着他想要反抗对中华民族的歧视和迫害的愤怒，仍在发出余响，继承他的意志和自我牺牲的精神才是当务之急。

从历史上来说，真实存在的精武门代表了北方系的武术流派，本来应该与学习南方系咏春拳的李小龙互不相容，但是，在《精武门》中，这些中国内部的差异都不成问题。因为这不仅是上海等实际存在的城市的事件，更是"天下"的事件。

武术和民族主义的密切关联自古有之，触及本质。冲绳的空手道原本是为了抵抗萨摩的剥削和镇压而秘密设计的，而在法西斯主义控制下的日本，在教育第一线，柔道和剑道备受推崇。三岛由纪夫也不断地强调，剑道是日本的美学。话题回到香港，现实里的黄飞鸿一边做中药买卖，一边抵制清朝，鼓舞青年，培养他们投身辛亥革命的热情。讲述他的电影和电视剧，每每呈现出这样一种理想人格：肯定基于儒家思想理念的中华民族价值观、抨击近代西欧。

《唐山大兄》中，海外侨胞问题还只是某地的插曲性事件，但是，到了《精武门》，已经拥有了历史性的远近视角。在受到殖民统治的现代都市上海（租界），人们蔑视无法维护中国人利益的警察权力，欲要恢复被折损的民族自豪感，并广泛诉诸江湖。这表现在推翻西欧列国强加的"东亚病夫"这一侮辱名称，广泛向天下表现民族尊严。陈真的行为，殉身于民族的故事，将永远被传诵下去。这就是《精武门》的主题思想。

《唐山大兄》中潮安的忍耐正如这样，我们不难发现《精武门》中也强烈地反映了李小龙自身的一面。李在美国社会对中国文化的无知和偏见中度过了十二年，这种体验深深地投射在这里。可以推测，这部作品对李小龙来说，经受的种种屈辱，激发了他驱除鞑虏之决意。而且，在《唐山大兄》中，在受到压迫的女性面前，李小龙本身的男子本性也在恢复。或许，一旦被赶至中华世界边缘的人，都会抱有这样的心态，这是中国式乌托邦的征兆。正因为李小龙生活在异乡美国和受到殖民统治的香港这种极其不自然的文化环境中，所以试图在观念上实现中国统一的民族主义。

先论述一下《精武门》中的主要功夫场面。标题背景是"武术指导韩英杰"，与《唐山大兄》相比他的作用明显变小了，似乎仅限于围着李小龙的日本人，以及敌我混战的指挥等背景处理。如下文第4条所示，韩本人也作为小角色登场了，但没有前作中沙密原那么大的精彩场面。

1. 最初进入日本武馆的李小龙，一下子打败了两位茶色头发的壮汉。他先把右脚向左踢出，增添体魄气势，又瞬间收回。然后用右脚踢对方的背，顺势向右转动身体，同时用左脚把之前没有出现在镜头里的另一个对手踢倒。李小龙在这里是镜头的焦点，不断转动，以可怕的速度踢倒对方。

2. 除了转动，还有与二十来个日本人对决的场面。在《唐山大兄》中，大部分武打是在室外开放的空间进行的，《精武门》中的舞台都设定在有限的空间内，这意味着必须要相当严密地准备武术指导。知道来者不善的日本人，摆出了包围他的阵势。李小龙伸出双臂，做出围揽姿势，局部攻击对方的头、脚、手，打倒了一个又一个敌人。他双手各抓住一个敌人，用尽全力旋转扔出。

3. 在旋转运动之际，一个日本人乘机用脚踢李小龙的背，李脱离中心位置，被赶至武馆边缘。这时迎来了转机。确认背后安全的李小龙，伺机将事先藏在腋下的双节棍取出。他挥动双节棍，将其夹在两侧使之停止，然后再次旋转，将敌人们击倒。也就在这时，一个敌人寻机将他打倒，李小龙开始表演新武技，即躺着打败敌人。李小龙躺在地板上，从仰视角挥舞双节棍，一个接一个地击打敌人的腿。当他起身时，武馆的地板上已经倒下三十来个日本人，他们痛苦挣扎的样子通过俯瞰视角进行拍摄。面对表情鄙陋却无法掩盖困惑的日本代理教练，李小龙表现出轻蔑后，这一连串的格斗场面落下了帷幕。韩英杰负责的人物配置和调动工作完成得非常出色，构图具有立体感，同时充满了灵活性，虽然表面不断变化，但可以看到主题明确。如果比喻成音乐的话，可以说相当于为了衬托迈尔斯·戴维斯的独奏而准备完美管弦乐编曲的吉尔·伊文斯。这个时候可以感觉到他和李小龙的职责分工已经稳定。一瞬间，我想把功夫电影和战前日本时代剧中的杀阵，以及巴斯比·伯克利音乐剧中的武术指导进行比较讨论。

尽管如此，这还是自《青蜂侠》以来久违的双节棍表演。

这个原本是冲绳测量仪的器具，李小龙在丹·伊诺桑托的教授下将其发展成了自己独特的武器。双节棍有趣的地方在于，通过自由伸缩让对方的距离感混乱，具有柔软性和强大的破坏力，兼容了连续性、圆周运动和直线运动等对立的要素进行攻击。同时，它出现在电影里时，容易产生打击乐器连续击打的效果声，再加上"咻咻"的回旋声，在声音方面也起到了增强画面紧张感的效果。

4. 李小龙偶然在厨房发现了暗杀师父的两个用人，激愤之下杀害他们的场面中，因考虑到空间的狭小，没有采用华丽的脚踢。相反，使用的招数是真正的"愤怒的铁拳"，画面上出现慢镜头。饰演第二人物的是韩英杰，他躲在暗处，挥着半月刀向主人公袭来。虽然场景很短，但从中可以窥见他作为京剧大师的经历，那是令人毛骨悚然的情景——他用刀把圆形的砧板劈成两半，挥舞着向李小龙袭来。李小龙只是用脚猛击其胸部，打倒了他，并连击肚子至惨不忍睹的地步，终使他丧命。两人的打斗方式形成鲜明对比。相对于韩英杰故意夸张的表演，李小龙只考虑攻击力度，停留在视觉方面的自我控制，突显了两者之间功夫观的差异。

并且，他想强调向胜者内心袭来的是胜利后的孤独。从

《唐山大兄》中殴打沙密原儿子，身体一时僵硬和茫然若失的表情，也可以推测出他意外杀人时的后悔，但《精武门》中却以更明确的形式，描绘出主人公内心的烦恼——用整幅画面拍摄站在韩英杰尸体面前的李小龙。虽然只是一瞬间，但是他的脸上充满了强烈的惊愕，下一瞬间转变为后悔，再回到原来的面无表情，然后他离开那里。韩英杰风格的京剧武打场景中绝对不会出现如此写实主义的心理剧。

5. 但是，不要忘记《精武门》中有许多技巧性的视觉辅助效果，我来列举一二。一个是李小龙将喝醉的胡恩载上人力车，然后举起整车的镜头。另一个是第三次进入日本武馆的李小龙，用脚把日本人砍过来的日本刀踢向空中，自己也跳起来用头撞击对方将其制伏的场景。日本刀掉落下来，巧妙地刺穿敌人的背部。这个场景的前半部分是用慢镜头拍摄的。与《唐山大兄》相比，这部电影的特点是，慢动作明显频繁出现。它和佩金帕或同时代的美国新电影很像，脱离有秩序的说话行为，用视觉影像来暗示决定性的瞬间。更简单地说，这要求我们以慢速的分析来把握李小龙速度过快的脚踢运动。

6. 与流亡的俄国人彼得罗夫一对一的场面。两人在美丽的日本庭园中慢慢展现圆周运动，同时不断用拳击和脚踢进行激烈的打斗，双方都不回避对方的攻击，反而主动迎难而上。除了京剧中的铜锣和爵士乐中的钹之外，还用了像上紧螺丝时的敲击声，和前作相比有了细致的声音处理。被对手的寝技[①]击中、脖子差点折断的李小龙，不由得咬住对方的脚踝，解脱了困境。他恶狠狠地舔了舔嘴唇上的血，表情立时严肃，张开双手不停地转动。也许是因为速度太快了，所以即使实施了慢动作处理，在影像的连续播放下，李小龙仍然犹如千手观音像，立身而定（参见附图）。他露出莫名的微笑。如果注意到对战之人是西方人的话，这里肯定是故意采用了东洋趣味。

彼得罗夫感到困惑，李小龙趁机用回旋踢攻击他的脸。在密集性的踢击之下，对方险些倒地，李抓住他的头发，让他站起来，空手劈颈，让他丧命。咬也好，空手劈也好，这只不过是街头格斗的招式，与李小龙曾经学过的传统中国拳法相去甚远。不仅把身体的所有部位当作武器，还从心理方面迷惑敌人，然后进行猛烈的突袭，这是李小龙十几岁时在

---

① 以躺倒的姿势使用的招数。——译者注

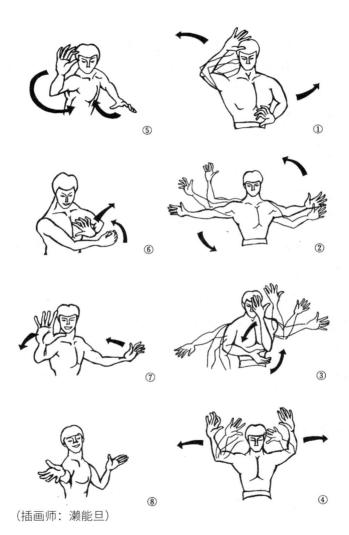

⑤

①

⑥

②

⑦

③

⑧

④

（插画师：濑能旦）

香港街角经常做的、经过大量训练后掌握的战法。

7. 与日本武术家铃木的决斗场面⁽⁵⁷⁾，已来到《精武门》的末尾。打倒彼得罗夫的李小龙，疲惫不堪地进入带有日本风格的宅邸，隐藏在暗处的铃木突然用日本刀砍过来（拿着武器对付赤手空拳的人，通常是卑鄙的恶棍）。李小龙跳得很高，碰触到了天花板，然后手握木板落地。但是，铃木的刀锋利无比，一下子把木板砍碎了。于是，李小龙把壁龛水钵（也许是为插花准备的）里的水泼向他，随即从腰上取出双节棍，攻击铃木的脚和头。铃木虽将李小龙打飞，但李小龙趁势跃起，在空中向铃木的脖子猛踢（注意，脖子无论怎样锻炼都是要害）。此外用慢动作展示了铃木的身躯穿过纸门，被甩到庭园里的样子。⁽⁵⁸⁾他睁着眼睛毙命。李小龙立马跑出来，把力气贯注在张开的双手上，疯狂地尖叫。摄像机集中捕捉了他那气喘吁吁的脸上露出从愤怒到后悔，再到悲伤的表情。不久，他就像寻求救助一样，抬头仰望天空。胜者的空虚和孤独，已经在第 4 条中讲述过，在这里得到了进一步的描绘。

《精武门》一上映，马上就超越了前作，获得了超过 400

万港币的收益。香港电影院连日爆满，甚至电影票还有加价。在新加坡，为了解决电影院前面排队的观众们的混乱，警察经常出动。曾经遭受日本军事侵略，对这个经济大国的夜郎自大心怀不满的东亚民众们，每当看到李小龙打败日本人时，都会鼓掌欢呼。结尾以慢动作结束是有意让观众体验余兴未了的感觉，从而提高他们的民族主义激情。

　　1976 年，同样由罗维导演拍摄《精武门》的续集。在题为《新精武门》的这部电影中，陈真去世后，丽儿等精武门一行人逃过镇压，搬到台湾，想重振武馆，但遭到冈村太郎等日本武术家的干扰。那时，一名扒手少年盗取陈真爱用的双节棍后，改过自新，进入精武门，经过艰苦的训练，最后打败了冈村。但是，等待丽儿祝福的这个少年却被日军枪杀。在这部《新精武门》中饰演主角少年的是一位叫陈元龙的、武师出身的无名演员。两年后他改名成龙，走上了明星大道。关于成龙我们改日再来讨论。

《猛龙过江》——与西欧的对决

得知两部电影热映后的邹文怀打算起用罗维，立即制作第三部作品《黄面老虎》。这是一部描写振兴精武门的武术家霍元甲年轻时的作品。但是李小龙拒绝此事，自己组建了协和电影公司，宣称在下一部作品中亲自负责制作、剧本、导演、主演、武术指导、角色、服装等。他和罗维之间的争执开始于《唐山大兄》，在《精武门》的拍摄中已经发展到了不可修复的地步。在这部电影中，罗维故意扮演劝导年轻陈真的刑警角色，可以看出背后原因是他作为导演想让李小龙遵从父权制的潜意识期望。据传，李小龙闯入试镜室把罗维夫妇带到众人面前破口大骂。结果，罗维决定用别的演员来拍摄《黄面老虎》。

《猛龙过江》是香港电影首次前往欧洲进行外景拍摄，从这一点来看，它是一部里程碑式的作品。制作费花了13万美元。在罗马的古罗马大角斗场和蒂沃利喷泉等处进行的外景拍摄完全是未经许可的。据说摄影队只用了一天就漂亮地拍完了其中的大部分，剩下部分在香港完成。摄影指导是贺兰山。顺便说一下，这位摄影师是日本人，本名西本正，在"满洲"映画协会（满映）出道之后，主要活跃在香港。在新东宝，他负责拍摄《明治天皇与日俄大战》（1957）。

《猛龙过江》上映三周内，获取了550万港币的收益，远超预期。到现在为止，在香港所有的李小龙电影中，这部作品最受欢迎，票房成绩也远远超过了其他电影。李小龙当初不太愿意把这部以香港节奏制作的电影在欧美发行。但是，据说1974年2月在美国上映，仅纽约影院就在最初的五天获得了百万美元的收益，非常受人欢迎。

《猛龙过江》是从穿着黑色练功服的唐龙的特写镜头开始的。因飞机提前到达，在罗马机场等待来人时，旁边一位上了年纪的白人女性，用一种像看珍奇动物的眼神看着他，使他觉得尴尬。[59] 无聊之下，他开始逗玩一个正在吃冰激凌的孩子。

偶然经过正好在营业的食堂，唐龙想进去用餐，但是拿出来的菜单都是用英语写的，所以他没有说话（虽然罗马是外景地，但是这部电影里没有意大利语，一切都使用英语）。他用粤语点了"鸡蛋"，女服务员当然听不懂。没办法，他指

《猛龙过江》公映海报

着菜单上的坎贝尔汤，从上到下按顺序点了五碗，把他当傻瓜的女服务员端过来五盘不同颜色的汤。唐龙为了解恨，摆出一副绰绰有余的样子，把胡椒和盐撒在盘子里，设法把一切都吃光。然后他松开裤带，打嗝。这一幕让人联想到巴斯特·基顿，可以看出，和他一样作为旅居艺人的孩子长大的李小龙，天生就具备优秀的喜剧才能（也许只有打嗝这一段太香港化了）。

从食堂出来一看，留着长卷发的清华（苗可秀饰）在等他。她披散着微微弯曲的黑色长发，穿着黑色紧身裤，搭配黑红相间的针织衫和金色胸针，打扮得相当时尚。其形象与穿着朴素练功服的唐龙形成鲜明对比。清华用极其蔑视的眼神看着他。在清华的白色敞篷车前，唐龙为了找一些话题，慌张地罗列出宝马、劳斯莱斯等外国车的名字，但无法消除她的轻蔑。

当汽车从机场进入罗马市内，如同观光电影一般经过古罗马大角斗场和特莱维喷泉前的时候，清华开始讲述之前的事情。上个月，父亲死了，她继承了中餐馆，但因为当地的暴力团体组织威逼卖店，骚扰顾客，她不知所措。之所以把唐龙邀请至此，是因为清华的伯父提议雇用香港保镖。

清华把唐龙领到自己公寓的空房间，但唐龙因喝了机场的汤，匆忙跑进厕所。他一会儿欢呼说马上就是春节了，一会儿说自己是在练习武术，高高地举起右脚。他不知道银行有兑换的制度，宣称不相信港币以外的钱。这些行为在清华看起来都很土气，所以她越来越瞧不起唐龙。这同时也说明了清华作为华人，已经远离了传统的中国（香港）日常生活。她对唐龙的轻视，其实是对没有文化根源和寄托的自己的反面衬托。在这一点上，《猛龙过江》让《唐山大兄》的主题得到了进一步的发展。

唐龙的失败还在继续。清华怒斥唐龙在银行太过粗鲁，告诫他在罗马要善待他人。于是他对偶然走近的妓女示好，随着邀请走进她的公寓。在只剩下他一个人的房间里，他想要在衣柜的镜子前练习功夫。这时妓女回来了，身上只着内衣，他慌慌张张地从公寓逃走。在这里李小龙的表演也比以往更显得滑稽。

中餐馆"上海"因为连日遭受骚扰，客人都不来了。六名工作人员换上白褂，在店里忙着练习空手道。唐龙看到这种情景，一开始表现出宽容的态度，说即使是外国的技能也要记住，有备无患。但是，当得知他们中的大部分学的是缺乏实战力的"中国拳法"时，他想试着展示一下他的身手。这时接到客人来了的通知，他的想法被打断。唐龙再次跑进厕所。因为不知道这是西式厕所，所以他双脚踩在马桶上面。但店里来的却不是客人，而是四个黑帮分子，头目是充满"Méqué Méqué"① 气质的阿泰（魏平澳饰）。(60) 在他们嚷着快点把店卖掉的时候，唐龙一直在厕所没有出现，所以被清华痛骂了一顿，员工也开始瞧不起他。

这时从黑帮组织那里又来了四个黑人和白人，一边问是否有"中国红烧排骨"，一边将拳头打向员工的胸前，把桌上的酱油洒在地板上。懂空手道的员工们想出去应战，却束手无策。看不下去的唐龙说："等等!"一招将流氓们击倒。清华和全体员工顿时都对他刮目相看。但是他只是冷静地问，在这个国家是不是很容易弄到枪。在接下来的镜头里，他出现在清华的公寓里，一边用灵巧的手法削木头，准备飞箭，一边迎接第二天的清晨。

唐龙开始教员工们中国拳法。这次他们中的一人自信地说："虽然空手道是日本的，但是中国拳术是中国人的。"唐

---

① 法国歌曲，意为"究竟是什么"，于1957年被丸山明宏翻唱，日译名为"メケメケ"。——译者注

龙听了之后，眯起眼睛，闭上嘴微笑着。等待唐龙和清华回家的却是持枪的黑帮小混混。唐龙打开门的一瞬间，把飞箭扔到他的手背上，避开了枪。看到唐龙如此强大，小混混们狼狈不堪地回到了意大利老板身边。

老板带着黑帮分子第三次袭击餐厅，用枪威胁员工。在清华的带领下，参观完罗马的唐龙回来了。当然，罗马观光对他来说很是无趣。唐龙看到帝国时代的废城，就说和香港的贫民窟很相似，蒂沃利优雅的喷泉如同在浪费水。故乡有很多人饱受饥饿之苦，但欧洲却如此夸耀文明的奢侈，这在他的眼里是不合理的事情。回到餐厅的他，乘隙用双节棍击退了小混混们，并用飞箭封住了枪，威吓老板，把他们赶了出去。

但是，黑帮的纠缠并没有就此结束。春节前夕，清华和唐龙在公寓里对话，黑帮的人从窗外用步枪射击。唐龙还以为是庆祝活动的爆竹声，知道真相后，他趁着黑暗去到对面的建筑物，用飞箭打倒了对方。但就在那刻，清华被绑架了。唐龙急忙想给警察打电话，但因语言不通，不能和接线员对话。不过，"上海"餐馆的工作人员在功夫方面已经有所长进，他们协助唐龙，一起突袭了黑帮，成功地救出了清华。

　　春节到了，"上海"餐馆的人都很高兴。因为他们不仅成功守护了餐馆，而且通过拳术，恢复了作为中国人的自豪。但此时唐龙接到电报，要求他马上回香港。另一边，在黑帮的一个房间里，阿泰的提议通过——为了打败唐龙，他们决定聘请日本和美国的空手道大师。他们不惜重金，从美国请来了名为科尔特的武术"大师"。

　　在罗马郊外的荒地，唐龙与日本人、美国人持续对战，最后打败了他们。当他为了打败强敌科尔特而前往古罗马大角斗场时，清华的伯父卑劣地叛变了，还刺杀了两名员工。他想卖掉死去的亲哥哥的店，然后去妻子所在的香港一展抱负。唐龙在前所未有的殊死打斗中打倒了科尔特，而后郑重地为其祈祷冥福。他回到刚才的现场，知道了阿泰和伯父一起被黑帮大老板用枪结束了生命。大老板被打败后，两辆警车赶到，事件解决。结尾是清华父亲长眠的墓地。唐龙面对清华和唯一的幸存员工，告诉他们自己必须回香港，他将自己张开的手掌放在清华握紧的手上。"前方总是枪和刀，这就是唐龙的命运啊"，一名员工这样嘟囔着，电影落下了帷幕。

　　《猛龙过江》比李小龙的其他电影作品更能让人感受到喜剧色彩。主人公唐龙是典型的"乡下仔"，因此最初被都市化

《猛龙过江》中和意大利帮派对决的李小龙

程度较深、拥有西欧生活方式的清华瞧不起。首先，唐龙不会说外语，既不知道餐厅点菜的方法，也不知道西式厕所的使用方法。他的心里只相信港币，想要庆祝即将来临的春节。一开始观众对他的一举一动都会笑，李小龙期待这种效果，在编辑的节奏上设置了笑后的短暂休息时间，甚至有时会用滑稽的拟声效果。

然而，当知道这位木讷冒失的青年实际上是罕见的拳术高手，拥有冷静的判断力和宽容的人格时，海外华人清华对他从轻蔑到惊愕，甚至逐渐崇拜、信赖，情感不断升华。不过，两个人并不像《精武门》那样发展成相思相爱的关系。从好莱坞的西部片到日本的日活动作片，按照流浪英雄的定式，唐龙也将清华抛在一边，孤独离去。

"乡下仔"常常出现在香港的喜剧电影中，被描写成从内地渡来、在香港接受洗礼的过程中，反复遭受挫折的小丑。这里的前提是，香港应该是一个更具西欧风格的城市。但是，《猛龙过江》中却明确表明了这样的立场，即与近代的西欧风格相比，被遗忘的中华传统，才是中国人有价值的东西。"唐龙"顾名思义就是中国的龙，是中国的骄傲，最初看不起他的华人之女，逐渐改变了对他的态度，我们可以从中领会到作为导演，李小龙的民族主义意图。虽然表面上看起来很迟钝，反复出现各种失败，但一有时机，就会发挥出本来的优秀实力，为了共同利益而不惜自我牺牲的青年——这就是理想化中国的形象比喻。

唐龙的角色中还有一点需要指出的，是他向周围散发的无意识自我主义。一旦出现滑稽的姿态，就会有自我模仿。不知不觉中进入妓女公寓的唐龙，一发现镜子就立刻开始练习踢击功夫。在清华公寓的房间里，他也会看向自己赤裸裸的上半身，没有注意到清华正在偷偷地窥视这一切。站在敌方的中国人阿泰，只是突出他自我主义的陪衬角色。这个小丑不断向唐龙献媚，手搭在他裤子里露出来的衬衫上，甚至没有忘记性的挑逗。透过《猛龙过江》整体，可以理解唐龙那种自我的眼神，是对西欧人带着种族主义眼光看他的反抗，是一种心理补偿。电影的开头，站在机场走廊上的欧美中老年女性注视他的视线，餐厅的女服务员注视他的视线，再加上黑帮老板注视他的视线，如果试着想想对未知亚洲人的歧视，就不难推测到唐龙身上体现出来的自我主义，就是为了唤起人们的目光，恢复被否定的自我身份认同，重新建立人格特征。

在《唐山大兄》中被认为应该打倒的敌人，是剥削中国穷人、净做坏事的中国人。然而，在《精武门》中，要被打倒的敌人变成了历史上蹂躏和侮辱中国的日本人。《猛龙过江》从题名也可以看出，中国人化身为龙，越"江"（即海，通向世界）到达了意大利，与威胁东方世界的西方世界进行对决。敌人从时间轴移到了空间轴。那么电影拍摄场地为什么不选在与香港有特殊关系的伦敦，而是罗马呢？那是因为罗马才是西欧的起源，古罗马剑士们互相比武的古罗马大角斗场才是西方的中心。唐龙并不是为了保护中国同胞不受当地黑社会的侵害，而是为了保护东方的观念，也为了确认他的尊严，必须在古罗马大角斗场战斗，并取得胜利。而且对战的对手不是日本人和黑人，而是西欧白人。电影的前半部分至中间，前者一个接一个地向唐龙挑战而失败，最后在全美空手道锦标赛上三次夺冠的查克·诺里斯作为压台演员登场的意义就在于此。而且，这场战斗对于李小龙来说，是一场和西欧的真正对决。

东方的决定性优势，是通过中国拳术打败日本空手道和西欧拳击表现出来。最初，唐龙对"上海"餐馆的员工们学习空手道一事投去了宽容的目光。但他们看不起中国拳术，说那对实战没有帮助的时候，他积极地向他们示范动作。在这里应该注意的是，他没有使用原本熟悉的南方词汇"功夫"，而是使用"中国拳法"。这种重新采用统一名称的表现，超越了南北流派的差异，与不论国内还是国外，都应把中国人平等地归属于"天下"这个观念相吻合。在《精武门》中成为民族主义情感媒介的"功夫"，就这样在《猛龙过江》中成为新一代中国人应该拥有的面貌。

众所周知，持有以手枪为代表的现代武器，在武术的世界里是打破规则的卑劣行为。在《猛龙过江》中，持枪者通常是卑劣的西欧人，中国人个人不持有枪。然而，能够一瞬间掌控空间优势的枪，对于徒手战斗的中国拳法来说是一种灾难性的威胁。唐龙为了与枪对抗，再次使用曾经在《青蜂侠》时代尝试过的飞箭。削木制成的这种武器是前近代的东西，可以视为是体现民族主义正义感的物体。这部作品反复阐述飞箭对枪的优越性，枪总是作为可恶的物件，被扔出窗外，或被脚踢飞。为了保护功夫电影这一类别，这也是必要的举措。

在此我想指出的是，李小龙电影中没有父亲的存在——事实上，这里以清华的王伯父卑劣的背叛行为进行了描述。

王伯父和《唐山大兄》中的三叔、《精武门》中的范师父一样，作为一个无论遇到什么样的逆境都能忍受耻辱、劝诫后辈停止无益战斗的年长者，最初扮演的是一个道德楷模，但是，到了末尾才明白，他本来就对清华的父亲怀有怨恨，对华人群体做出了背信弃义的行为。这里所说的是，中国传统的道德意识（在"黄飞鸿"系列中是不可动摇的前提）已经形式化，所以不能毫无原则地去信赖。为了更清楚地展示这一点，海外华人的聚居地被选为故事背景。《猛龙过江》与之前的两部作品不同，在这里不存在《精武门》中如此热情地表达对师父敬意的情景。只有通过功夫才能对世界做出解释——李小龙虽然设定了这样的青年为主人公，但并没有掩饰对中国传统权威的怀疑。他所倡导的民族主义经常被置于危险之中，完全是由于这股相反的双重力量。

此外需说明的是，这部作品以圆满结局结束，不同于前两部作品。唐龙最后不像潮安那样被警察逮捕，也没有像陈真那样选择自暴自弃地跃起。他顺利地解决了罗马的事件，并平安返回故乡香港。这个结尾同时体现了海外侨胞和劝善惩恶两个主题。在李小龙自己撰写的剧本《猛龙过江》中，他在西雅图的中餐馆里所经历的各种事件，大多都映射了自己的身影。他最初打算给这部作品命名为"Enter the Dragon"，结果，作为英文名被采用的是"The Way of the Dragon"。在日本它被翻译成"通往龙之路"。但是，如果想起20世纪60年代的李小龙在作品中也多次提到对老庄思想有着深厚的感情，正确的翻译应该是"龙之道"。据老子说，"道"既是通道和路径，也是构成世界的无形秩序，是运动和无的原理。

《猛龙过江》帮助李小龙从韩英杰和罗维的桎梏中解放出来，可以看到比以往更自由多样的功夫技艺。他不仅在各种各样的情形下展示了多种技巧，长年在美国担任武术指导、通过公开表演武艺努力宣传功夫的经历也得到了很好的表现。一直以来脚蹭地的他，在这部电影里采用了欧美风格的步法。在姿势方面，他也尽量避免像以前那样将重心放在后腿上，相反，他踮起脚后跟的时候变多了。李小龙一方面想把曾经学会的咏春拳的招式演绎得恰如其分，另一方面又展开了激烈的街头格斗，包括踢裆和咬人。他理想中的截拳道的自由状态在此完美地展现出来。他还拒绝了韩英杰风格的杂技。在唐龙踢碎天花板吊灯的镜头里，李小龙把地板也完整地拍入了摄影机里。从中可以看出，这种超人般的演技绝对不是使用蹦床的人工表演，李小龙试图排除继承自京剧的装饰性夸张。

关于分镜和剪辑，他废除短镜头重叠，以长镜头为主，从中可以强烈地感受到李小龙希望尽可能地记录下原汁原味的现实对打的决心。即使在镜头切换的情况下，碰撞带来的效果也不是主要关注点，为了使拼接处极其自然、暧昧，要下不少功夫。李小龙用摄影机代替对战者的视线，朝镜头踢腿和打拳，这与经常喜欢拍摄人物上身的罗维的风格完全不同。作为导演，对于李小龙来说重要的不是暴力表象，而是在冷静的距离内正确地呈现武术对决本身。在李小龙的所有功夫场面中，他与高手查克·诺里斯的对决就是如此拍摄的。

1. 四个白人加黑人的小混混来骚扰中餐馆，唐龙在店里进行对决的场景。李小龙大声喊着"中国拳法（Chinese boxing）"，舒展两手手指，迅速转动手臂，弯曲右手手指，挑衅对方。这是他第一次在银幕上配合小混混采用的步法，背景有鼓、铜锣、京剧快板的击拍。下一个瞬间，他用右脚踢对方的肩膀，喊着"拳法之四，飞龙拳"。接着，他还用旋转踢打倒了旁边的小混混，喊着"掉尾拳也"。打倒对方后马上说出拳法的名字，这在《唐山大兄》和《精武门》中是不可能的。恐怕这是正式比武的形式，既可以说是对初学功夫的六个中国青年做出的示范动作，也可以说是给予观众的特别福利。

2. 再次被小混混包围，取出双节棍的场景。唐龙拿起竖在楼梯边的长棍，将敌人手中的枪一一打落，然后将其击倒。京剧的快板和鼓在背景里轻轻地击打。他讨厌长棍，快速取出藏在腰间的双节棍。此处与《精武门》完全不同。与其说李小龙凭借双节棍那无法预想的旋转和静止运动，可以立马打倒十来个敌人，不如说这给观众留下了以自律结束的印象。最后，胖子捡起了掉在地上的双节棍，想模仿李，却在一瞬间失败了。双节棍和手枪不同，据说如果想熟练使用这种武器，必须反复练习。回到餐厅的唐龙向欲要逃跑的老板扔出双节棍，像蛇一样卷住他的手腕，阻止他逃跑。

3. 在郊外，唐龙与美国和日本空手道高手进行对决的场景。他对这两人各自给出了不同的脚踢。首先是面向美国人（鲍勃·沃尔饰），两人交臂之后他一边扭着对方的手，一边从左侧绕到对方的后方，按住双手，转动右脚，踢对方的下巴，然后甩开手，快速回到前方。像是追着一步一步往后退的对手一样，他一边叫着"啊打、啊打"，一边用左右拳殴打对方的脸。接着（参照 238 页的图）①右脚踩到左前方借力，同样用右脚踢对方的左肋腹。②身体稍稍向后仰，从左侧用右脚高位侧踢击中对方的脸。③用中位侧踢击中对方的腹部。④再一次，用右脚高位侧踢击中脸部。⑤将躯体大幅向右旋转，给予致命性的飞踢。从开始到结束有三个镜头，时间只有十秒不到。

日本空手道高手（韩国人合气道名家黄仁植饰）首先用日语问"你是唐龙吗？"然后朝他踢过来。不过，三次都没踢中。这里李小龙也展示了五种踢法（参照 239 页的图）。①一边避开敌人的脚踢，一边张开双手，弯曲右膝，用中位侧踢击中对方的腹部。②以右脚为轴旋转，用左脚踢脸。③这次将重心放在左脚上，同时旋转右脚，踢向腹部。④两人交臂后，右脚往后抬起，再猛踢。⑤最后跳高，将右脚踢向对方的脖子。当然，对方惨败，被打倒在地。李小龙一开始是背对着镜头和对方对决，但不久转向了镜头，这期间只有四五秒。顺便说一下，以上是我一个画面一个场景，按暂停而进行的叙述，如果不那么用心操作，一切都会在一瞬间播放完，根本无法进行分析观察。在短短的时间里，能够将如此复杂多样的武术技艺凝缩并呈现出来，只能说这是让人不寒而栗

① 右脚踩到左前方借力，同样用右脚踢对方的左肋腹

② 身体稍稍向后仰，从左侧用右脚高位侧踢击中对方的脸

③ 用中位侧踢击中对方的腹部

④ 再一次，用右脚高位侧踢击中脸部

⑤ 将躯体大幅向右旋转，给予致命性的飞踢

（插画师：濑能旦）

① 张开双手，弯曲右膝，用
　中位侧踢击中对方的腹部

② 以右脚为轴旋转，
　用左脚踢脸

③ 这次将重心放在左脚上，
　同时旋转右脚，踢向腹部

④ 两人交臂后，右脚
　往后抬起，再猛踢

⑤ 最后跳高，将右脚踢向对
　方的脖子

（插画师：濑能旦）

的作品。但这个场景还只是个铺垫，因为在《猛龙过江》中，所有的格斗场景都只不过是与科尔特殊死搏斗的铺垫而已。

4. 与查克·诺里斯长达 10 分 19 秒的对决场景，是李小龙电影中最长的片段，由 121 个镜头构成。最短的镜头是不到半秒的相互击打对方的脸，最长的镜头达 33 秒，由此也可窥见，李小龙试图通过电影时间的长度向观众展示现实中武斗时间的持续。顺便说一下，仅用一天就拍摄了罗马风景的摄制组，在这个格斗场面的制作上却花费了 45 个小时。

对决镜头首先出现诺里斯被放大的大腿，以及诺里斯对面、刚到古罗马大角斗场上层回廊的李小龙的瘦小身躯。相对于诺里斯庞大的躯体，李小龙的瘦小身体从一开始就被强调。他们面对面，就像预先暗示好的那样，分别脱下黑色练功服和白色空手道服，露出上半身。揉动手指关节，摇头，做伸展运动——摄像机捕捉到了李小龙两肩上像肿块一样耸起的肌肉，发出肌肉隆起时的咯吱咯吱声，夹杂着诺里斯雷厉风行的拳头声音。见证两人比赛的是一只猫。猫作为他们互相击打的镜头的第三画面，是叙事行为的唯一标志（符号）。

咚、咚，鼓声在画面上响起，猫发出叫声，配合着快板的节奏，比赛开始了。一开始，诺里斯拥有压倒性的优势。他连续踢李小龙，让他摔倒。向李小龙投以轻蔑目光时，镜头给了近景。他又给站起来的李小龙一拳，施以背摔。李小龙拔掉诺里斯的几根胸毛，好不容易从危机中解脱出来，就用气息将右手抓住的胸毛吹散。这恐怕是只有街头霸王才有的穷途末路之策吧。诺里斯又一次把李小龙打倒，横甩右手食指，说"我警告你，这都是为你好，赶紧收手吧"。到这里为止是三分半钟，镜头数量为52。

此时李小龙深深地呼了一口气，打破的嘴唇上渗出了鲜血。他突然站了起来，这时发生了转机。随着打鼓声急促而连续地响起，小号高昂地演奏起主题音乐，站起来的李一边喊着"哦哦"，一边调整步法。诺里斯和之前一样执拗地踢了过来，但是一次也没有踢中。这次镜头拉远，用33秒的慢动作捕捉到这样一幅画面：李小龙巧妙地躲开了诺里斯的攻击，并像蜜蜂一样在他周围走来走去。摄影机完整拍下了最后转为攻击的李小龙猛烈踢出去的样子。从画面的边缘隐约能看到诺里斯的身体，这是在摄影机前有意单独拍摄的镜头，不是主摄影机的镜头，而是放在对决旁边的摄影机拍摄的。

李小龙和诺里斯都已经汗流浃背了。李小龙抬高脚，二人互相对视，诺里斯突然移开视线等状况，通过短镜头剪辑合成，生动展现了生死搏斗的场面。在短短 3 秒的镜头中，李小龙用右脚踢了诺里斯的膝盖、腹部、肩、头，最后踢脸，让对方倒下，展示了令人害怕的连踢。诺里斯连续两次倒下。他握紧拳头想反击，可是李小龙紧紧地缠绕着他的双手并推开，所以他没能成功反击。李小龙完美使出了曾经学过的黐手秘术。形势对诺里斯逐渐不利。当第二次进行长镜头拍摄时，他疲惫不堪，再次陷入困境。李小龙把这样的他逼到墙边，集中性连续击打，终于喀啦一声打折了他右手右脚的骨头。至此正好是 100 个镜头。

之后，胜负即刻决出。诺里斯痛苦地蹲坐着。他好不容易靠在墙上爬起来，想踢倒李小龙，李小龙摇着头表示"快住手吧"。摄影机分别给了李小龙、诺里斯和观战的猫近景，突出两人紊乱的呼吸。最后，诺里斯想倒向李，但筋疲力尽，跪倒在地，被李小龙抱着倒在地板上。李小龙默默地走进回廊，拿上自己的黑色上衣，穿上。然后他找到诺里斯的空手道服和腰带，回到原来的地方，恭恭敬敬地盖在诺里斯的尸体上，双手合十，向这位勇敢的对手表示敬意。最后他一边喊着"你这个坏蛋"，一边在古罗马大角斗场的回廊上奔跑，朝着残留的黑帮头目跑去。

　　至今为止，无论是《唐山大兄》还是《精武门》，李小龙饰演的主人公总是在对决的最后将对手杀害，从后悔和悲叹中露出悲痛的表情。但是，在《猛龙过江》中，对于诺里斯的死，他礼貌地进行追悼，同样作为武术家向他表示敬意，却看不到后悔的迹象。这完全是因为李小龙扮演的是一个纯粹的武术家，他认为诺里斯是一个旗鼓相当的好对手，与故事主题中的恶事没有直接关系。与前两部作品不同，这里没有由韩英杰出演的包围四周的敌人阵容。在没有任何杂音的纯粹状态下，武斗本身被展现出来，李小龙武术的最高点也一目了然。在这里，李小龙明确了相对于诺里斯的空手道，"中国拳法"具有决定性的优势。但是李小龙想要表达的并不限于此。

　　科尔特是诺里斯的角色名，讽刺的是，意大利语中它表示"短小"，让人联想到当时流行的西部片。主题音乐也会让人联想到埃尼奥·莫里康内，从这点可以看出，李小龙在执导《猛龙过江》时，明显受到了西部片巨匠赛尔乔·莱昂内的影响。但是，古罗马大角斗场的决斗有着更大的象征意义——即东洋武术家（或者演员）在西洋文明起源地的古老格斗场上和其代表人物决斗，并取得了胜利。最后面向死者举行的东方礼节仪式更加明确了这一点。李小龙在这部影片中的意图不仅在于维护海外华人的权利，恢复其尊严，还在于从文明的维度洗刷百年以来的屈辱，并且他的野心成功地实现了。

《猛龙过江》是李小龙留下的唯一一部自编自导的作品。当然，里面没有资深导演罗维圆滑周全的出演。不可否认的是，这部影片无论是人物配置还是表情戏份，都可以看到某些力量不足的地方。但主要演员掌握主动权参与电影制作，这在之前的香港电影界，特别是功夫片的世界中是前所未有的。到了后来成龙和洪金宝的时代，他们亲自制作就成了理所当然的事情。从这个意义上来讲，李小龙对以往电影体制的反抗，可以说具有其先驱性。据说他强行带入好莱坞风格的做法，经常与封闭的香港电影界发生冲突，但他不仅是功夫英雄，在电影制作的现场也是优秀的偶像破坏者。

《龙争虎斗》——与好莱坞合作

　　《龙争虎斗》本来的英文名叫"Enter the Dragon"，日本上映时的名字叫《燃烧吧！龙》，这是李小龙出演的功夫电影中唯一一部好莱坞参与的作品。华纳得知李小龙在 1972 年出演的香港电影大受欢迎后，突然意识到，曾经在《战士》和《无声笛》中冷酷无情地舍弃的华裔武术家，实际上是一位具有惊人才能的电影人，态度一下子发生了变化。

　　华纳曾一度被逼到濒临破产的地步，但在 1972 年因以黑人为主人公的动作片《超飞》而大红大紫。他们将《战士》改编为《功夫》（《燃烧吧！功夫》），作为动作连续剧，在此基础上进一步拓展。1973 年 3 月他们与罗烈在邵氏主演的《天下第一拳》一起，在全美发行上映了《唐山大兄》，也取得了巨大的成功。《龙争虎斗》的计划，就是在这一连串潮流中发生的事情。华纳立刻向邹文怀的嘉禾请求合作，制作费定为 50 万美元。这个预算相对于好莱坞来说是非常低的水平，但是在香港却空前绝后，嘉禾接受了。李小龙接受华纳的提案，亲自指定导演。他认为这是一个极好的机会，可以成功地回击过去好莱坞对他的侮辱。

罗伯特·高洛斯的名字，如果不是通晓动作片的人，恐怕现在只记得他是《龙争虎斗》的导演。他本来是静物摄影师，1964 年自主制作了短片《凯迪拉克》(*The Cadillac*)，并在奥斯卡最佳短片奖中获得提名。之后他也费尽心思筹集资金，1970 年作为独立电影制作人，导演《血路追凶》(*Darker than Amber*)，后被环球收购，以普通导演的身份出道。另外，他作为编剧在 20 世纪 70 年代初执笔的剧本《邪灵》(*Something Evil*)被年轻的史蒂文·斯皮尔伯格改编成了影视剧。碰巧李小龙看了《血路追凶》很是喜欢，所以决定采用高洛斯为导演。高洛斯无论对香港还是功夫，都几乎一无所知，但是，他接受了比好莱坞便宜很多的导演费。抵达香港的那天晚上，他被带到当地剧场观看《精武门》，被观众的反应所震撼。关于摄影师，嘉禾最初想到的是西本正，但是，西本不懂英语，所以决定采用吉尔·哈布斯（Gil Hubbs）。哈布斯在此之前只拍摄过使用 16 毫米胶片的短片，对 35 毫米胶片完全是个外行。编剧米歇尔·阿林（Michael Allin）也一样，对亚洲、功夫完全一无所知，因此后来惹怒了李小龙。

《龙争虎斗》公映海报

因为嘉禾摄影所器材和技术的陈旧，香港工作人员与好莱坞完全不同的电影制作方法，以及语言上的困难，高洛斯深感困惑。香港几乎没有好莱坞通常采用的同期录音的经验，但是更让人费神的是明星李小龙的处事方式。[61]李小龙一开始非常紧张，从拍摄的第一天起就有一段时间没在摄影棚露面。他一边努力与香港的工作人员（包括替身）保持和睦的工作气氛，一边对好莱坞方工作人员也不乏威严地付出关怀，可以想象到他工作的艰辛。他仔细推敲剧本的每一句台词是否会被中国人接受，也面临着充满野心的特技演员的挑战。随着拍摄的进行，自己不是作为有哲学思维的武术家，而是被看作动作片的演员，让他烦躁和不快。另外，身体一直过劳的不适和痛苦，让他难以入眠，终日烦恼。他饱受失眠和脱水症状之苦，脸上出现了神经性的痉挛。每次武打场面被要求重拍时，他都要表演几十次同样的招数。李小龙日益走向深度孤立，不能向任何人倾诉，神经越来越紧绷。1973 年 5 月，他终于在嘉禾配音室的录音途中倒下，由于高烧和呼吸困难陷入半昏迷状态。《龙争虎斗》就是在这样充满痛苦的情况下制作而成。

李小龙饰演的武术家发誓，要向玷污少林寺名誉、将妹妹逼上绝路的邪恶帝王复仇。他受英国秘密情报局的委托，利用三年一度的武术大赛，侵入这位帝王在孤岛上建立的私人王国。虽然一度被抓住了，但不久就摆脱了危机，成功打败了帝王，解决了事件。这就是《龙争虎斗》的梗概，情节几乎直接借用了《007之诺博士》（1962），从中可以看到B级电影特有的投机主义的气氛。但是，观看本片的观众知道，正如戈达尔的电影那样，这部影片中的情节也只是为了引出主人公们的武打而寻找的托词。从这个意义上来说，《龙争虎斗》是一部风格与之前的《唐山大兄》《精武门》《猛龙过江》不同的作品。

《龙争虎斗》的故事从南国鲜花盛开的美丽寺院开始。随着镜头徐徐移动，寺院内即将进行一场武术示范比赛。身着红衣、黄衣、黑衣、青衣的僧侣们整齐排列，紧张地望着中央榻榻米上相对而坐的两位武术家。与以往李小龙的电影不同，这部电影的每一处艺术细节都设计得极具吸引力，原色的大胆组合突出了坎普趣味。见证这场比赛的是黄衣高僧（乔宏饰）。

对决者是李（李小龙饰）和年轻的长发武术家（洪金宝饰）。他们穿着黑色短外裤，套着黑色靴子，双手戴黑色手套，奇妙地行了礼后，马上开始武斗。一开始双方用拳头对打，然后李一个脚踢，洪就翻了个跟斗。李追着跟斗向洪踢去，压住倒在地上的洪的右手。胜负决出后，两人行过礼，离开现场。为庆祝李的胜利，四位黑衣僧侣高举双手，筑起臂墙。李漂亮地翻了个跟斗越过上面，得到伙伴们的掌声。

这一切都以壮观场面的视觉魅力为重点，表演形式丰富。李小龙曾在童年出演的《爱》里翻过跟斗，作为杂耍艺人的孩子带有半玩半演的感觉（这次有可能使用了特技）。但从那以后，无论是在真正的功夫修行场合，还是在银幕上，他都严格禁止将这样的杂技纳入武术范畴。在《唐山大兄》中，围绕武术指导他曾经与韩英杰发生了激烈的冲突。《龙争虎斗》打破了这一禁令，将重点放在观众的视觉体验上，这反映了这部作品是由好莱坞主导制作的事实。

比赛结束后，李和少林寺的高僧走在庭院的踏脚石上，一边聊天一边走到树荫下。这是李小龙出演的作品中，最明确展现出他的哲学思考的重要场面。不过，它在日本上映的时候被剪掉了。2010年发售的华纳／导演剪辑版中有收录，我想在这里重现一下。

高僧问李："你的武艺已经到了最高境界，但是武术的最高境界是什么？"李回答道："什么是武术的最高境界？把技巧隐于无形。""你在面对敌人时是什么感觉？"

"我眼里没有敌人，我只是一个抽象的字，没有别的意思。我觉得搏斗应该是一种游戏，可是我非常严肃地玩这种游戏。作为一个好的武术家，是绝对不应该拘于形式，而要把武术融化收发自如。当对方萎缩的时候，我就立刻伸张；而当对方在伸张的时候，我就应该步步小心、处处设防。道就是以退为进、以进为退。当我在绝对有利的时候，用不着我思考，（在这里高举右手）它自然就把对方击倒了。"这时高僧抓住李的右手腕说，"不错，所谓之敌人，只不过是个幻影，而真正的敌人则藏身于其后，若能消灭幻影，就能消灭敌人的真身。你所谓之'它'，只不过是一个常常被背誓的习武者所滥用的武器。"

高僧要求李背诵少林寺数百年来遵守的诚约第十三条。李回答说："徒弟当然记得。作为一个传统的武术家，应该对自己的言行绝对负责。"高僧接着感叹说，"我们少林寺出现了打破禁令的人"，并告知李曾经的门人韩的丑闻。与这位高僧结束对话后，年幼的少年弟子向李搭话，李命令他朝自己踢。李见少年的脚踢毫无感情，于是命令他重新踢。少年正在犹豫不决，他马上打了少年的头，说："不是用想，要用感觉。"又道："手指指向月亮的时候，反应慢了，就只能看到手指，无法看到月亮的光华。"

如果是阅读了本书第154页以后的记述的读者，应该会知道《龙争虎斗》标题背景出现之前的这段内容就是李主要倡导的截拳道理念本身。不是"我"，而是"它"来代替"我"搏斗，其理念意义非凡。这并不仅仅是在谈论武力的优势，夸张一点说，这个理念否定了西欧在近代确立的身体作为自我的外延这一想法。在搏斗中，当超越"我"这个狭窄的主体的时候，有某种非人称的隐匿性存在在起作用。搏斗就等于抛弃个人的"我"，投身于至今尚未命名的"它"的流动之中。这里明确阐述了李小龙作为反笛卡尔主义者的思想。我们将在电影最后，李与韩在镜子之间的对决中清楚地看到，敌人是幻影，是隐藏在自己内心的思想。尽管如此，我对于上映电影时剪切掉这种重要场景的日本发行商，以及坦然将其作为录影带销售的录影带发行商的做法存有很大的疑问。读者如果有机会，可以在香港等地买到完整版。

虽然进行了各种详细的说明，但到这里为止电影大约持续了八分钟，接下来终于出现了标题背景。

英国秘密情报局人员布雷斯维特请求李阻止武术家韩做坏事。韩在远离人间的孤岛上，构筑了邪恶的私人王国。从偶尔漂流到海岸的尸体来看，他通过毒药控制了许多人，从而获得了生杀大权。三年一次的武术大赛快到了，这是潜入的好机会。布雷斯维特希望李与已潜伏的女情报员取得联系，并阻止韩的恶行，还说唯有优秀的功夫大师李才能成功地完成任务。因为韩害怕暗杀，所以严格禁止将手枪带入岛内。不过，李对英国方面的请求表现得很冷漠，因为不伴有内在动机的工作，与他的本心格格不入。

然而，接下来李就钻入停泊在香港仔的、喧闹的水上渔民的小船，坐着这艘小船直奔韩所在的岛屿。这里采用了倒叙，他从旧相识的武术家那里得知了自己的妹妹瑞莲已死于非命。

三年前的武术大赛结束后，就在离岛的前夕，瑞莲（茅瑛饰）被韩的部下奥哈拉（鲍勃·沃尔饰）一行人袭击。她在渔村迷宫般的坡道上奔跑，爬上石阶，从晾着衣物的屋顶上跳下，拼命逃跑。但是追踪者穷追不舍，身穿蓝袍的她勇敢应战，双颊被鲜血染红，躲在渔夫小屋里。这时奥哈拉破窗而入，挡住去路。瑞莲不愿活着受辱，抓起掉在地板上的玻璃片，端坐着刺向肚子自杀。李知道这件事后立刻赶到瑞莲的坟墓，发誓要向韩报仇。顺便一提，在这里他打着领带，穿着西装，可能是出于对西欧观众的考量（这是已经充分受到西欧文明洗礼的东方人形象）。

从香港仔坐船的除了李，还有两个美国人，他们也是去参加岛上的武术大赛。这里出现了两个倒叙场面，介绍他们的动机。鲁柏（约翰·萨克松饰）债台高筑，受到黑手党的恐吓，他在高尔夫球场被几个小混混威胁，便打倒了他们。但是，对他来说，取得岛上的奖金来还债才是当务之急。另一边，威廉姆斯（吉姆·凯利饰）是在空手道武馆学武的黑人，在即将出发前往香港的夜晚，他被两名警察找碴儿审讯，并遭到毒打。一怒之下他打倒了这两名警察，抢了警车逃跑。和鲁柏一样，他也回不了故乡美国了。有着非洲黑人发型的威廉姆斯似乎很受孩子喜爱，摄影机不忘捕捉从小船上向他欢呼的船上居民的孩子们。根据高洛斯的回忆录，这位第一次访问香港的四十五岁导演，完全被香港仔上泛舟的景象迷住，一下子拍摄了五千英尺的光景。

20 世纪 60 年代，欧美电影人对香港仔很有兴趣。从臭名昭著的《苏丝黄的世界》到雅克佩蒂的《世界残酷奇谭》，再到范·德·艾尔斯肯的一系列照片，一说到香港，浮现的都是垃圾船，高洛斯位于此股潮流的末尾。

登上停泊在海上的母船后，鲁柏和威廉姆斯重逢。之所以特意写重逢，是因为从问候词中可以看出他们六年前（即1967年）在越南战争中是战友。影片清楚地表明，他们在美国社会中一直备感压抑，暗示着1973年美国惊人的功夫电影热与越南战争引发的心理创伤不无关系。两人对香港水手们在甲板上沉迷于螳螂之战表示兴趣，他们饶有兴致地将赌押在大螳螂一方，但是小螳螂出色地取得了胜利。把他们的赌金卷走的就是穿着黑色练功服的李，三人就此相遇。不，准确地说，还有一个白人武术家非常想挑战李，也上了船。但李没有正面迎战，而是欺骗了他，让他坐上了救生船，实践了"不战而胜"的哲学。

三位武术家上岛后，看到数百名穿着白色训练服、正在锻炼的年轻人。他们看起来克制律己、井然有序，但是，接下来出现了完全不同的豪华宴会场面，享乐主义和奇异的异国风情相结合，构成了极其有趣的情景。在那里，从草鸭、烤猪到龙虾，各种各样的食材被端来，供在场的客人们享用。穿着旗袍的美少女们正在舞狮招待客人。舞台中央铺着红色的毛毡子，日本相扑力士像机械人偶一样正在进行比赛，同时，京剧扮相的孙悟空展示了杂技表演。两个随从搬来了装着泥鳅的水槽。胡琴声响起，鸟笼中的小鸟展翅飞舞。威廉姆斯和鲁柏掩饰不住对这场异国华丽盛宴的兴奋，他们开玩笑说那将是"最后的晚餐"。

突然，铜锣声响起，里面的门向两侧打开，韩（石坚饰）登场。盛宴的喧嚣立即停止，相扑力士和小丑都保持着原来的姿势，场面瞬间安静下来。韩由六位白衣少女簇拥，黑色打底衣外面穿着朱红丝绸长袍。其神秘威严的相貌和举止，是好莱坞一贯描绘的令人毛骨悚然的"中国人"的传统形象。韩向客人们表示欢迎后，扔出手中的苹果。女侍立刻扔出小刀穿过，苹果落到了客人的手中。

韩三次重复这个游戏。最后他扔出苹果，一位美女将飞箭投向它，苹果落在李手中。她的眼神顺势落在苹果上。那些知道飞箭从《青蜂侠》到《猛龙过江》一直是李小龙的武器的观众们，立刻就能明白她是潜入岛上的间谍。我不知道韩想通过这个奇怪的礼仪传达什么。随着他离开现场，热闹的音乐再次开始，人们又回到了醉生梦死的喜悦中。

迄今为止，在香港制作的李小龙电影中并不存在对奇异的异国趣味的耽溺。正如罗布−格里耶（Alain Robbe-Grillet）的新小说《幽会的房子》（*La Maison de rendez-vous*）（1965）所写，因为欧美的视角始终把以香港为代表的中国文化作为珍奇而不可思议的"东方"表象来捕捉，这种对比才成为可能。我认为，指出从相扑到中国菜，其画面的细节离真实多么遥远、多么荒诞不经，并没有什么特别的意义。导演高洛斯和他的妻子——负责美术的安妮打算借这个场地，拍摄费里尼在1969年执导的《爱情神话》中的东洋盛宴场面。不难想象，此处参照了胡文虎在香港岛建造的品位低下的花园——万金油花园。

不用说，盛宴之后就是玩女人。三位访客被告知要从韩的白人女性中分别选出自己喜欢的女性。威廉姆斯一下子选了三个女人，狠狠地发泄了一通。鲁柏对被带上来的中国女孩一点也不感兴趣，就去诱惑白人老鸨。说到李，他希望选在盛宴上射箭的美玲（钟玲玲饰）。这个选女人的场面，是李小龙在银幕上一贯扮演的厌女者的延长线，同时也是李与先潜入的卧底取得联系的铺垫。李和美玲独处时交换信息，但是，除了岛上许多人失踪之外，其他的事情还不清楚。

第二天早上开始举行武术大赛。韩的弟子们默默地把双手手指伸入被火点燃的大锅碎石中。在数百名白衣青年面前，和昨晚盛宴时一样，由紫衣女子伺候、穿着青衣的韩登场了。棒术表演之后，先是穿着黄衣的威廉姆斯出场，表演空手道，战胜了对手。接下来是同样穿着黄衣的鲁柏和另一个对手格斗。他多次被打倒之后，最后获胜。比赛在严肃的气氛中举办，参加者被要求穿着各自规定的原色制服。只有李一个人无视规则，穿着平常的黑色练功服，与周围格格不入。

比赛结束的晚上，李换上青衣，悄悄溜出房间。他巧妙地避开看门狗，试图从树荫下隐藏的秘洞进入地下的监狱。这一带黑暗中绿蓝相间的照明效果实在是媚俗又出色。这次的尝试因为被巡逻的看守发现而失败，从地下跳出来的李，一下子踢倒了四个看守，逃跑了。第二天早上，因这件丑闻而生气的韩，在众人面前宣布处决四人。肌肉结实的布路（杨斯饰）用他擅长的蛮力弄断了他们的脖子，一击毙命。在这里可以再次肯定，岛屿是受到绝对权力控制的空间，青年们是因为内心的恐惧才井然有序地行动。

这一天，李终于要和妹妹的仇人奥哈拉对战了。奥哈拉是一个从额头到脸颊都有深深伤痕的巨汉。两人遵循比赛前的规则，互相握手。此时出现了倒叙画面，瑞莲在临终时双

《龙争虎斗》中的空中回旋踢

手拿着玻璃，刺入腹部的镜头穿插进来。胜负瞬间决出。

在这里黐手也得到了很好的演示。李用左手拍打奥哈拉的右手，同时用右直拳打对方的脸部。因为速度太快不能十分肯定，但应该是用了后手直拳吧。以上都是截拳道的基本拳法。接着，李压住奥哈拉的左手，再次用右手攻击。李挥拳敏捷，奥哈拉三次倒下。李知道他会卑鄙地以倒下的姿势拉扯自己的腿，于是立即翻了个跟斗，在旋转的途中从下方击踢对方的下巴，把他打倒。胜负就此分出，愤愤不平的奥哈拉打破啤酒瓶，向李发起攻击。当然，李踢飞他手上的啤酒瓶，再次打倒他，紧接着他飞起双脚，给予致命一击，脸上露出似哭似怒的复杂表情，继而尖叫。摄影机用慢镜头拍摄了这一切。最后，镜头冷冰冰地确认了奥哈拉的死。

顺便说一下，这里应该是在《龙争虎斗》中首次看到的真正武打场面，但对比过《猛龙过江》中与诺里斯的殊死搏斗后，会发现这里的武打场面有些形式化。听说在拍摄时，李小龙因与饰演奥哈拉的演员发生了纠纷而生气，但至少只要看了画面，就会发现他丝毫没有显示出对奥哈拉的情绪。

那天下午，威廉姆斯被韩传唤，就昨晚的事件进行质问。韩背后的墙壁是一面巨大的镜子，放着巨大的白色鸟笼。这不仅说明他作为统治者疑心很重，也说明了他无限的自我主义。不明情况的威廉姆斯自诉无辜，韩的属下袭击了他，但被他推开。韩不能原谅部下的脆弱，生气地将他踢飞。凌乱的格斗场面切换到隐藏在镜子深处的秘密享乐房间。不知什么时候，韩卸下了右手的义肢，换上了尖锐的短刀。在秘密房间，女人们看着拼命战斗的威廉姆斯，放声大笑。在这充满色情和讽刺的情景中，他被折磨致死。

韩接着传呼鲁柏，邀请他去参观自己收藏的武器展览室。彩色玻璃包围白色墙壁，配上深红色栏杆的展览室里，从戴着盔甲的黄金日本武士像到欧洲拷问器具，整齐地陈列着展示韩残暴美学的收藏品。鲁柏注意到一个角落装饰着被福尔马林浸泡的细手腕，韩若无其事地将它称为"纪念品"。那是他失去的右手腕。他想把突然闯进来的小猫放到鲜红的断头台上，鲁柏鼓起勇气把小猫从断头台上救了出来。不久，韩邀鲁柏到地下的秘密房间。脸上文有花和蝴蝶图样的女人们，懒洋洋地躺在鸦片的烟雾中。韩要鲁柏宣誓效忠自己，并问他要不要成为毒品组织美国支部的代表。犹豫不决的鲁柏不经意间看到了威廉姆斯的半裸尸体像被屠杀的动物一样吊着。这里强调了韩是自 Dr. Fu Manchu（傅满洲博士）以来又一个冷酷残暴的东洋人形象。

那天晚上，李再次进入地下密室。他穿过因鸦片而陷入疯狂的白人女性的监狱前，向狱警室放毒蛇。在无人的房间里，他向情报局打无线电话。不久，韩的部下们赶来了，顿时陷入混战。一直光着上身的李小龙，在这里露出高兴的表情，疯狂发出怪叫声，表演击踢和棒术。他以意想不到的速度夺过对方手上的双节棍。他背后是铁栅栏，长年被韩幽禁在里面的囚犯们，从那里伸出几十只手，为李的举动欢呼。不过这场搏斗以他的失败告终。李被铁门堵在了围墙内，成为韩的俘虏。

这个武打场面，除了背景中奇异的装置外，屏幕中也显示出了李小龙身体异样的不祥之兆。他给人的印象是，比以往任何时候都瘦，虽然筋骨粗壮，但一直不停地驱动着肋骨突出、不太协调的身体。速度丝毫没有减退，然而，整体的运动缺乏充实感，一旦设计好的路数出错，一切就会失去平衡，充满了脆弱感。李再也不想展现他在《猛龙过江》中表演过的各种各样的踢击技艺。相反，他只是面向初学者展示杂技和双节棍的基本技能。搏斗时他脸上的表情前所未有地被夸大了。

第二天早上，鲁柏被要求在民众面前与李对决，作为宣誓效忠韩的证明。但是，在此之前他与布路对战，为其怪力所困，穷途末路之际，他咬住对方的脚，这才得以摆脱窘境。这期间美玲乘机释放被监禁在地下室的囚犯们。黑衣囚犯拥到地上，和韩的白衣部下们开始了混乱的战斗。因此，李和鲁柏的对决取消了。李打倒了逼近过来的部下们，瞄准韩一个人，追赶上去。韩逃进收藏武器的展示室后，将假手换上长长的铁爪。李叫嚣着要向侮辱老师、逼死妹妹的凶手报仇，脱下上半身衣物，向韩猛踢。他发出的号叫声响彻云霄。不过，他被韩的长铁爪击中，侧腹受到了严重的损伤。

眼看形势不利的韩逃到了一间四面都被镜子包围的房间。在那里，穿着黑衣的韩，他脱掉的黄衣和白衣，李血淋淋的半裸身体，韩右手上白色铁爪的画面，都被无限放大，创造了宛如万花筒一般的世界。面对一时不知所措的李，韩悄悄从背后靠近，用爪子发起攻击。这里响起了电影开始时高僧说的话："所谓敌人不过是幻影，他就藏在你的内心。"缓过神来的李，不断地用拳头破坏镜子。无限延续的画面一个个消失了，李最后看清楚真正的韩后，给了他一个飞踢。韩被插在墙上的长矛刺穿，一命呜呼。室外，黑衣人完美打败白衣人，当地政府的直升机不断到来。最后镜头给了钉在木板上的韩的凶器假手一个特写，主题曲高亢地响起后，电影落下帷幕。

与韩的对决场面，让我们想起了两段电影历史。一段来自好莱坞电影，另一段是香港电影中固有的。前者是奥逊·威尔斯在1947年拍摄的《上海小姐》的最后一幕，以旧金山唐人街为舞台，追逐神秘的美女，从粤剧剧场进入惊险重重的房间，最后在镜子里得知了她的真面目。导演高洛斯在这里向那些描绘中国不可思议之处的好莱坞异端分子致敬。电影开头高僧所提出的教诲，被完美地用作伏笔，给电影以逻辑上的收尾。

然而，另一个不能忘记的是，扮演韩的是石坚。他在20世纪40年代末至60年代在香港制作的"黄飞鸿"系列中，一直扮演向黄飞鸿挑战的邪恶武术家关德兴，作为国民小人角色（也不知道有没有这个词）而备受瞩目。在拍摄《龙争虎斗》的1973年，他已到了高龄，动作不如往年敏捷了。但是这部作品特意起用石坚，欲要主张李小龙是继关德兴之后，香港功夫电影界的正统。不，与其说是起用，不如说可能带有引用性质。《龙争虎斗》就这样向好莱坞和香港电影

《龙争虎斗》最后的镜中一幕

的先行者致敬，以此明确亮出演员李小龙作为双方混血儿的身份。

《龙争虎斗》在香港上映一个月后，1973年8月在美国上映，那一年的票房成绩仅次于《驱魔人》(*The Exorcist*)。这部作品大受欢迎，使李小龙在美国的人气急剧上升，此前在香港制作的三部电影也受到追捧，他成了超级明星。但是，香港观众们对这部花费前所未有的预算制作的新片并没有像前三部作品那样狂热，票房成绩也没有达到预期。从十二月到正月，这部电影最初在日本上映时，因为是李小龙的电影而大受欢迎。在国外的人气火爆和在香港地区的不受关注，这一对比给我们带来了一些启示。我们应该思考制作电影时，其地域性（在这种情况下是国民电影性）和以好莱坞为代表的全球性之间的差异。在考虑这一点的同时，我想探究一下这部合作电影所拥有的特殊性。

从刚才的详细论述中也可以明白，事实上《龙争虎斗》让人强烈感受到了西欧作为第三者的的视角。制作者用鲜明的色彩和奇异的美术装置，来突出此前电影中没有的充满幻想和低俗趣味的"东洋"画面。好色又残酷的"东洋"邪恶帝王；绝对接受帝王命令并默默服从的、数量惊人的奴隶；

在隐藏的秘密房间里随心所欲地沉溺于鸦片的女人们；一位自律、狡猾、善于表达深奥哲学的智者英雄……这些人物设定，无非是一直以来好莱坞一有机会就描绘的"东洋"形象。"东洋"内涵的多样性被化整为一，混沌讲述，日本相扑和铠甲被摆在了中国京剧、杂技和拳法所处的空间里。让香港观众首先感到困惑的是，这部影片毫不犹豫地将自己描绘成文化上的他者。

第二点应该指出的是，在这部电影中，李小龙的功夫以最简单的形式来描绘。除了开头的示范比赛外，李真正展现功夫几乎是在电影进度条过半之后，很多香港观众觉得无法信服。李小龙与《精武门》中的罗伯特·贝克、《猛龙过江》中的查克·诺里斯，以及后面将会提到的《死亡游戏》中的卡里姆·阿卜杜尔-贾巴尔、丹尼·伊诺桑托等的武斗场面，拍摄时间都很长，然而这里却有不同。和妹妹的仇人奥哈拉的比赛，一瞬间就分出胜负；和韩的最终对决，也是因为石坚当时已六十多岁，动作有失逼真，给人一种脆弱的印象。李小龙没有像《猛龙过江》那样表演各种各样的腿上功夫，只是连出了几下看起来很华丽的飞踢。飞踢本来是为了从下方打倒马上的敌人而设计的技术，对于曾经是功夫大师的李来说，这里的飞踢由于冲击力薄弱，被认为在实战中远远不如低位侧踢。号叫声和慢动作在这部电影上比以前更激烈、更频繁，但是，由于反复使用，不免显得有点过于仪式化了。并且他没有展现街斗中的犯规动作，整体上武打动作看起来已相当规整。

除了这些要点以外，《龙争虎斗》中的功夫场面前所未有地缺乏生动。这里没有对死者的沉痛悼念。非本意的杂技表演、可能是设计好的集体格斗、以往的双节棍技术的简单重复等，各要素的融合缺乏均衡。李小龙的身体比以前瘦了很多，因此异常突起的肌肉给人一种非常勉强的印象。尽管如此，该影片充满了他一以贯之的自我主义，缺乏《精武门》中的民族主义和《猛龙过江》中的幽默感。他一边舔着沾在嘴唇边的鲜血，一边盯视对方，已经没有任何人类感情，甚至让人觉得他是一种靠本能在持续战斗的动物。这种不祥的印象，在这部影片完成后不久就因他突然死亡的事实而更加突显。但是，即使不考虑这一点，武打场面中的李，瘦削而躁动的肉体里，也正自然地散发出接近死亡的气味。

结果，这部电影成了李小龙最后的主演作品。导演高洛斯凭借在《龙争虎斗》中获得的名声，连续拍摄了《黑带猛龙勇娇娃》（1974）、《神奇夺命计》（1974），在动作片中很活跃。李小龙死后五年，邹文怀再次起用高洛斯，开始制作李小龙电影。这就是臭名昭著的《死亡游戏》。

《死亡游戏》——修复与神化

　　《死亡游戏》是一部被诅咒的电影。李小龙在执导和主演《猛龙过江》后不久，于 1973 年早期策划拍摄了 25 分钟左右的格斗场面。起因是李的弟子——职业篮球选手卡里姆·阿卜杜尔-贾巴尔的突然来港。李先录制了和与自己身高相差 60 厘米的卡里姆的对决场面，再邀请几位旧相识的武术家，将他们的对决也录制在电影上。但是之后，由于他开始了《龙争虎斗》的拍摄，一切都在构思还未决定的情况下被中断。计划由于李小龙的意外死亡而中止，拍摄时机就此错失。五年后，邹文怀想再利用它来制作李小龙的"新作"，再次起用《龙争虎斗》的高洛斯填补镜头，完成了与原方案完全不同的影片。这部名为《死亡游戏》的作品在 1978 年上映，在世界范围内引起轰动，掀起了一股李小龙热潮。本章首先展示这部作品的制作过程和内容，之后会提到李小龙本人一直抱有的作品构想，论述其在遗留下来的格斗场面中实现到了什么程度。

我们今天能看到的《死亡游戏》是指以下这部电影。

标题背景宛如《007》，这部电影将骰子、扑克牌、轮盘等赌博符号组合在一起，再加上李小龙表演武斗的镜头。虽然故事中没有赌博的场面，但这样的设计大概是为了强行整合"Game of Death"这个题名吧。对《007》的模仿，也可以从邀请约翰·巴里制作主题音乐中看出。首先是逐一介绍并排的白人演员，接下来是三人一组，从乔宏开始介绍香港演员、亚洲武术家们。简而言之，这部影片里香港的演员是一流的，好莱坞的演员是二流的，但是后者在标题背景方面的优势，明确说明了制片人和导演为了尽可能地从这部作品中抹去亚洲色彩，使之进入世界发行的网络，故意给它披上好莱坞式的外表。

主人公卢比利是香港著名动作片明星，被世界有名的黑帮集团首领蓝博士要挟参与演出。他知道只要和这种邪恶集团扯上一点关系，这辈子都会任人摆布，所以他顽强地拒绝蓝博士的邀请，也因此在拍摄中被邪恶集团盯上。他不知如何是好，去粤剧演员朋友（乔宏饰）的休息室商量事情时，遭到邪恶集团的袭击，引起了骚动。

比利试图让身为美国歌手的恋人安回到祖国，毅然与黑帮分子对决。一次，摄影棚上演了一场蓄意的手枪走火事件，比利脸部中弹而亡。其实那是他和好朋友——新闻记者吉姆计划好用来麻痹敌人的把戏，还举行了盛大的葬礼。不明真相的安因伤心过度而住进精神病院。

和《龙争虎斗》中的韩一样，蓝博士将全世界的武术家聚集在一处，埋头于评选最强武术家的锦标赛。安一出院，就来到大会，想除掉博士。假扮成白发白胡子老人的比利碰巧在场，制止了她。在大会上，博士方的白人武术家打败了亚洲人（洪金宝饰），获得冠军。但是，比利一下子打倒了受到全场喝彩后回到休息室的那个冠军，然后悄声消失了。在场的所有黑帮分子都知道比利其实没有死，吓得直发抖。博士绑架了安，把比利引诱到仓库。

比利不由分说便击倒黑帮分子救出安，抢走了黑帮手下穿的黄色运动服，前往蓝博士的据点——南北楼（英语是"Hot Pepper Restaurant"）[64]。那里每层都有厉害的武术家在把守，如不把他们一个个打倒就不能上楼。费尽心思打败所有人的比利，最后把博士逼到了绝境。他从最上层的屋顶滚落，碰撞着霓虹灯，最后坠落在地。

李小龙留下了25分钟的格斗场面，邹文怀和高洛斯从高

《死亡游戏》的公映海报

潮部分开始，采用了15分钟左右的内容，为了不与之矛盾，又创作了前后的故事。从《精武门》和《猛龙过江》等以前的电影中，将李表演的镜头粘贴在一起，或起用体型相似的两位功夫演员（一位大概是韩国的金泰靖），尝试补充故事。比利出场的情景大多设定为黄昏或夜晚，故意将他的脸拍得阴沉、暧昧。此外插入以下故事：他抹去本来面容，进行整形手术和化妆，以欺骗敌人的眼睛。利用李和替身演员的长相差异，设法让电影前后情节衔接。这样令人热泪盈眶的努力取得了一时的成功，但是在很多情况下留给观众的印象却是惨痛稚拙。最后一个跑上南北楼台阶的场面，替身和真人的动作之间有明显的差异，每一个热衷于画面的观众都会为之心酸。

这些修补的最大失败表现在影片刚开始的几分钟后，比利在演员休息处受到黑帮分子威胁的镜头上。在那里，用瓦楞纸剪成的李小龙面板被用作他本人画面的替代物。也许在CG合成技术惊人发展的今天，会以更精炼的形式进行合成，不会给作品留下缺陷。从这个意义上来说，《死亡游戏》为探讨作品修补的电影史提供了极其有趣的例子。

李小龙死后，Bruce Rhe、Bruce Le、Bruce Ly、Bruce Lai

等拥有混杂艺名的无名功夫演员，在香港制作了不少模仿作品、赝品电影。邹文怀的《死亡游戏》封住了这些随意制作的赝品，决定性地确立了李小龙的神话地位，在收益上，也获得了票房的巨额成功。他联系生前与李有深交的史蒂夫·麦昆和詹姆斯·柯本，邀请他俩出演，但遭到拒绝，而后又转向李称赞的运动员穆罕默德·阿里和贝利等。当然他们也拒绝了。这部耗资450万美元的影片被宣传为"李小龙的最高杰作"，取得了预期的巨大收益。顺便说一下，他后来还制作了《死亡游戏Ⅱ》。

邹文怀彻底利用了李小龙的神话。比利这个角色几乎和生前的李一模一样，他出演的作品让人联想到《精武门》。名为安的白人女性是从他妻子琳达那里得到启发后被设计出来的。葬礼的场面引用了现实中1973年举行的李小龙葬礼的新闻影片。但是，如果与迄今为止我们所研究的四部作品相比，可以看出，它作为电影确实停留在低水准的娱乐作品上，与李小龙的主题系列无关。《死亡游戏》中，既没有李小龙所坚持的民族主义主张，也没有关于功夫的哲学。高洛斯从李小龙留下的影片中，无法理解他所信奉的身体观和武术观，只能拍摄出《007》那样与国际秘密组织战斗的超人英雄的动作悬疑片。替身的具体格斗场面根本达不到本人水平的镜头有很多。我只举一个通俗易懂的例子，比如怪叫声的杂乱插入。如果看过《猛龙过江》的话，应该会注意到李对情景是非常细心的，到了关键场面才会加入这个合成音。在《死亡游戏》中，却被轻易滥用。例如，对方倒下后李小龙依然固执地在其侧面连续踢，不知为何怪叫声在这里响个不停。如果是稍有武功心得的人，从呼吸法的立场来看，应该会马上注意到这是多么不自然。

李小龙关于《死亡游戏》这部电影，原本就构思了完全不同的情节。根据布鲁斯·托马斯的说法，应该是这样的。

开头描绘的是一棵巨大的树，在狂风大作的雪地上突然发出声响而折断。接下来，当摄影机移动时，画面上出现强风，柳树柔软的枝条随风舞动。李小龙得知国宝被盗，并被放置在韩国某岛佛塔的最上层后，想去夺回它。这就是整个故事的来龙去脉。在佛塔的内部，每一层都由世界上各种武术高手把控，要到达最上层就必须和他们战斗，打败他们。一场搏斗是电影的主要内容。[65]

这是李小龙为了《无声笛》的剧本取材从印度北部旅行到尼泊尔时的故事构想。不过，很遗憾，这个构想没有得到进一步的发展。但在1973年，他向一生遇到的各位武术家和自己的弟子们发出邀请，并委托他们出演。实际上接受该请求而访问香港，与李小龙表演对决场面的只有卡里姆·阿卜杜尔-贾巴尔、丹·伊诺桑托、池汉载三人。李小龙也向最初支持他的木村武之发出邀请，但木村极力避免引人注目，所以拒绝了。查克·诺里斯、洪金宝、鲍勃·沃尔，还有在《007》中有演出经历的乔治·拉扎贝等也受到了邀请。洪金宝后来在高洛斯的《死亡游戏》中，在武术大赛的冠军决赛上登场，展现了他那肥胖的身体以及令人印象深刻的武斗姿势。

现在，笔者将从高洛斯版《死亡游戏》中遗留的15分钟影片中，将前面三人和李小龙的对战场景取出来进行探讨。让我们试着尽量接近作为导演的李小龙所怀揣的意图。

李小龙穿着黄色的运动衫，跑上佛塔的楼梯。

在第一层等待他的是丹·伊诺桑托。他身穿黑色的菲律宾南部民族服装，扎着红色头带，坐在虎皮垫子上，手上拿的是菲律宾棍术中所使用的两根红色棍。丹发现李后，像挑衅一样用棍子轻轻连击地板，李也用手中的细绿鞭子敲击出同样的节奏回应。李义无反顾地甩开了手里拿着两根棍子扑过来的丹，以令人难以置信的速度在他额头上留下了十字的伤痕。他手拿鞭子模仿动物的叫声，作势驱使猛兽，挑衅丹。在红色的头带下，丹的红色伤疤看起来栩栩如生。黄与绿的李，红、黑、白的丹，在这里上演了原色的激烈对决。

丹接下来取出短双节棍，李好像在等着他一样，也从怀里取出了双节棍。他在热身的同时，以可怕的速度甩动它，然后又突然停下，反复做出左手向对方张开的姿势。他像要确认双节棍的状况似的，舔了舔顶端。丹成功击中了一次李的脸颊，但李仿佛很享受，慢慢地用左手摸了摸脸颊，突然窥探对方的缝隙，向他的鼻子打了一拳。一边装作攻击脸部，一边用脚踢，另外，还大幅度挥舞双节棍进行威吓，华丽转身表演旋转踢法。极度的缓慢和紧接着的瞬发动作，体现了两人对决的特征。最后，丹没有了头带和双节棍，完全失去了斗志，用双手遮住了欲哭无泪的脸。李用双节棍勒住了他的脖子，让对方无法喘气。这个场面约持续了四分钟。

在第二层，等待李的是来自韩国的合气道名人池汉载。他穿着白色的练功服，只有领子部分用银色点缀。池看到李跑了过来，嘟囔了几句。池一开始慢慢摆出夸张的架势，用柔道把李扔出去。李趁势借用寝技，向他侧腹踢去。池拼命忍痛，举起右手，表演夸张的造型，力图攻击。但是，其动作过于迟钝，非常敏捷的李丝毫不把他放在眼里。李悠然躲避池的攻击，全力打破对方的步伐。最后，疲惫不堪的池双手合十，以仿佛在向人祈祷的姿势向李发动攻击。李趁机利用寝技打倒对方，用膝盖攻击他的后背，给予致命一击。第二场战斗只花了两分半钟。李后来说，池的自尊心很强，但他对池的武技很失望。

第三层有卡里姆·阿卜杜尔-贾巴尔在待命。与卡里姆的对决场面最久，长达5分20秒左右。

李跑上楼梯，显得有点疲劳，但卡里姆并未马上迎战。他穿着白色的短外裤、天蓝色的蓬松上衣，坐在椅子上迎接李，轻而易举地用脚飞踢他的胸部。身着黄色运动衫的李，胸前留下了大片的污迹。这时，李意识到对方与自己相比，身体要巨大很多。实际上，身高两米三的卡里姆比李高出60厘米，他利用身高差发起了意想不到的攻击。面对像蜘蛛一样自由挥舞着长腿的卡里姆，李首先是目瞪口呆。他冷静制定作战计划，缠住对方的脚，想利用寝技制服对方，但始终无法接近。对方虽然一时倒下了，但双手张开防止李接近。李用手指尖施展演技，几乎要喊"过来"，一看到卡里姆露出

《死亡游戏》中与卡里姆的死战

破绽，立马踢他的腿，让他的脚失去平衡。但是，下一秒却被对方长长的手脚缠住，狠狠地甩了出去。虽然可以用强大的力量让他的脸靠近花瓶碎片，但他像虾一样扭动着身体逃过劫难。李还趁势用肘打对方的背，但敌人一动也不动。非但如此，反而遭到了猛烈的殴打，脸撞到了拉门上。他果断踩卡里姆的脚背，形势有了转机。对方果然累了，甚至把手放在楼梯的扶手上。于是，他快速补上一脚，强行施展寝技，紧接着勒住对方头颈。但是卡里姆纹丝不动，顺势举起李，把他猛摔在卧榻上。即使如此，李还是不把双手从对方脖子上放开，在魔鬼的执念下折断了他的脖子。这场胜利实际上是李用满身创伤换来的。

与卡里姆的搏斗，其性质明显与丹和池不同。前两个人穿着民族服装，在各自的民族文化中展现正统的武术。但是，从李的截拳道角度来看，他们过于拘泥形式，而一旦其形式受到威胁，马上就会陷入无法挽回的境地。比如，丹的双节棍从双手中掉下来，马上就失去了斗志，一脸无助。池在任何情况下都只会夸张地重复既定的招式，无法应对现实中腹部被踢带来的痛苦。早在1973年的时候，李就信奉武术的终极是放弃既定的招式。这两位来自菲律宾和韩国的武术家为了展示基于特定武术体系的格斗者的招数，不得不在这里扮演失败者的角色。丹的黑衣和池的白衣意味着他们是正统武术的使者，但是在李小龙的黄色运动衫的背后，感受不到任何民族文化。如果硬要说的话，那个服装可以说是流行文化吧。休闲服是因碰巧拍摄现场有而随意穿着的服装，在实际格斗的时候大多穿着便服，所以从这里也了解到李平时训练的时候，并没有穿特别指定的训练服。真正的武术应该是由大众共享的、开放的，而不归属于某种特定的文化背景。因此菲律宾武术和合气道只能败于李的截拳道。由此得出结论，截拳道才是整合所有传统武术的多元化拳法。

但是，所谓终极武术仅仅超越特定流派和传统是不够的。那始终是在擅长武术之人的个人实践中构筑起来的，不可能有万人共通的指引之道。与卡里姆的对决设置在第三场的理由就在于此。

从白色短外裤配上浅蓝色轻便上衣的外表中也可以看出，卡里姆的服装并不是来源于特定的武术流派，也可以说是篮球选手轻松练习时的样子吧。事实上，这个非裔美国人虽然是李小龙的忠实弟子，但并不像丹和池那样有修习传统武术的经验。他的格斗特征不是民族主义，而是两米三的惊人身高和长长的四肢。在这里，李没有像前面两位那样，表现出从容的挑衅姿态。他一心一意地冷静观察对方，反复试探后找出其弱点所在。这样做要求抛弃既定招数，即兴确定格斗的应对策略。

自远渡美国以来，以什么样的战术打败与自己身高毫不相同的对手，十年多来一直是李的一大课题。他过去修学的中国拳法，都是以与自己体型、身高完全相同的中国人为对手而设想的，所以李在实战中，必须独自应对这个问题。在与卡里姆的格斗中，他以极其凝练的形式把通过实践积累的决胜智慧保留了下来。卡里姆和李在穿着便服这一点上完全对等。总之，在现实的格斗中，必须从身体上唤醒个人格斗的记忆，并且不受记忆左右而自由行动。本书前文引用了李死后出版的《截拳道》中的一段话，此处亦可通用："积累是自闭的阻力，华丽的技巧会加强其阻力。"

李小龙为了展示他一直坚信的终极武术应有的姿态，不得不在《死亡游戏》中拍摄与三位武术家的格斗场面。因此可以推测，按原定计划，这部电影与以往电影中的民族主义热情和对好莱坞的对抗意识都无关，是为了纯粹就功夫是什么这一问题而制作的。当然，利用遗留下来的电影片段，以与本人意愿完全无关的形式完成的《死亡游戏》，无论是赚了大钱的邹文怀，还是高洛斯都无法理解这样的观点。直到他生前写下的无数笔记和断章被公开发行，我们才终于能够推测出李的认知高度。

不管怎样，这个电影片段之后，李小龙在这地球上进行的探究就全部结束了。剩下的都是神话，而且是日益膨大的英雄神话。

李小龙的行为方式

聪明和耐心。敏捷的行动力和自我牺牲的冲动。得意地翘起下巴的动作和小丑般的挑衅态度。这些象征李小龙功夫时代特征的动作，从童年时的《细路祥》到《人海孤鸿》一直带有。形成这些动作特征的背后原因在于他那孤独、孤立、独行侠般的行为方式。继《唐山大兄》以后，成年后的李小龙又增添了哪些风格呢？伪装的木讷、对女性的回避，以及对自己磨炼出来的肉体寄予的自恋眼神。

童年时代的李小龙在情节剧中寻找父亲，实现了阶级跃迁。功夫时代的他不再追随父亲，因为父亲经常不在身边。如果父亲的不在不是因为逝世，那么就是因为落魄，或者是因为变节。他不再活在阶层的故事里，民族这个新的对象出现在他面前。但是，在这个巨大的观念面前，他该如何行动才好呢？他的行为和影片会体现什么？到底是象征香港还是象征中国，或是亚洲呢？

李小龙饰演的主人公，从好莱坞的动作片和黑白电影中借用了很多要素。他首先是探索谜团的主体。他通过暴力，不，只有通过暴力，才能保持自身的一贯做法，达到自我实现。困难降临到他身上，敌方背后有一个凶恶腐败的集团，我方是充满怯懦、随时有可能背叛的乌合之众。他不得不独自迎战势大力强的敌人，结果接连不断地陷入绝境。在许多情况下，结局是悲惨的。虽然主人公做出了很多牺牲，勉强打败了敌人，但还是会坠入深深的后悔和空虚之中。或者说他往往在相信对共同体的自我牺牲的同时，面临壮烈的毁灭。这些都不可能出现在很多结局圆满的好莱坞动作片里。电影总是在主人公打败终极敌人的刹那间，迅速落下帷幕，不会留下任何余韵。与好莱坞电影的另一大区别是李小龙对女性完全不感兴趣。虽然如此，他也没有与意气相投的伙伴一起，一边确认男人之间的友情，一边解决难题，他无缘于同性社交。接下来，我想具体探索一下各部电影。

李的单独行动；从父亲残留的形象中解脱出来。我们先来确认一下这两个主题在他后期的作品中是怎样呈现的。

《唐山大兄》中的潮安保留了《人海孤鸿》中阿三的影子。他在家乡香港引起了暴力风波，前往泰国的乡下小镇成为制冰工人时，立下了不再诉诸暴力的誓言。母亲交给他的翡翠挂链就是证明。电影里没有提到父亲，但是，如果要说电影里相当于父亲的人物，那就是制冰工厂邪恶的统治者沙密原。潮安不过是一位不谙世事的年轻人，一度被坏人怀柔，因此招致工友的误解，作为叛徒被孤立。因此，本应该吃同一锅饭的伙伴们，全都被杀害了。潮安决心为同伴报仇，违背了与母亲的誓言。他在艰苦的战斗之后打败了沙密原。

香港电影70年代之后存在感强烈，具有约束力的同性社交在《唐山大兄》中极其淡薄，它似乎消失在感情即将建立之前。邀请潮安加入集体的头目许剑，同时也是美少女巧梅的哥哥。但是，他在与潮安建立强烈的同性情感之前，就从银幕上消失了，并没有通过将巧梅嫁给潮安而与潮安建立更密切的关系，这不构成同性社交的图式。另外，留下来的伙伴们被描绘成乌合之众，在潮安面前不具备人格。但是他们的死赋予暴力以大义。前往沙密原宅邸的潮安不再是木讷的年轻人，也不再是被母亲束缚的少年，而是代表在异国被贬低的中国人，为了恢复共同体的正义而变身为不惜自我牺牲的武术家。但是，他的行动始终是单独的，并没有可以敞开胸襟交流的伙伴。他自己承担一切，杀害沙密原后，沉默寡言地等待警察的到来。

《精武门》中的陈真，是一位进一步展现了孤立状态的主人公。他是精武门第五任弟子，但长期不在上海，所以没能赶上武馆的受袭事件和之后师父的去世。值得注意的是，这里反映了李小龙在现实生活中也是返港者的事实。葬礼那天，在座的门生们穿着黑色和蓝色的练功服，只有陈真一人穿着白衣，这里除了说明李的自恋意识，还有意突出了他的光荣与孤独。和《唐山大兄》一样，李小龙饰演的主人公也忍受了多次屈辱，在超越限度的瞬间，他的愤怒和厌恶终于爆发。完全不顾被日本人威吓而受惊的弟子们，相继杀死了汉奸等三人。陈真的过激行为，引起了精武门的强烈反对，他完全被孤立了。同时向他袭来的是杀人后的悔意。最后，发生日本人的大规模袭击，精武门同胞们这才明白陈真暴力背后的正义。但是为时已晚，无论用什么方法，都无法避免等待他的挫折。作品突如其来的静止结尾，仿佛暗示了陈真孤立无援的战斗至今仍悬而未决。

《精武门》中的设定是陈真从小就被寄养在武馆，暗示了陈真和丽儿一样可能是孤儿。精武门中或许形成了类似于《苦海明灯》中的保护院和《人海孤鸿》中的孤儿院的空间。这部电影没有提到陈真的父亲，类似于父亲的形象呈现出了奇怪的分裂。首先是死去的师父，接着是想借助警察权力对陈真进行牵制，在他之上确立控制权的华刑警。他看陈真时的眼神，是情节剧的秩序中极其像父亲的、庇护者的那种眼神。

陈真作为师父唯一正统的继承人孤军奋战，被逼到绝境、落魄无助的时候，却只能面对类似父亲形象的华刑警所主张的现实原则。但他拒绝接受，电影最后以无法解决的裂缝结束。华刑警由导演罗维本人饰演，这暗示了他作为演员想确认对李小龙的控制权。但是李小龙的出色演技，早已超过了罗维的鉴赏力，而且将其展现的理念推向观众。由于无法继承正统，陈真和青梅竹马的丽儿结不了婚，也找不到能够推心置腹的朋友。后来吴宇森概括香港黑色电影的警句中有这么一句话："我们总是两个人。"这与他也有一定的缘由吧。

《唐山大兄》中李饰演的乡下仔，也就是在异乡遭遇失败的木讷青年，在《猛龙过江》中以更幽默的形式出现。唐龙的小丑形象，通过与具有西洋（都市、近代）风格的陈清华的对比，更加凸显出来。应该说她在故事中只是起到了衬托主人公的作用。唐龙在前半部分接连失败，到了后半部分突然变身为巴斯特·基顿，作为武术家发挥了超人的活跃。这部作品中父亲似的形象比前两部作品更加多变，几乎已成残骸。在罗马经营中餐馆的王伯父，起初说话时带有贤者般的口吻，但其实是与当地黑手党勾结的叛徒，因其卑鄙，必须在唐龙的铁拳面前败退。唐龙向员工们传授中国拳法，但他们在敌人面前力量过于微薄，两者之间的亲密关系没能发展成同性社交。如果唐龙感觉到有接近于亲密男人之间的友情，那应该是和最后对决的科尔特。进行对决的两个身体完全对等，唐龙在打倒他之后对他的死表示敬意。但是，作为导演的李小龙通过丑化阿泰这一敌方势力的形象，明确强调了唐龙与同性性欲（homosexuality）无关。阿泰不断地拉扯唐龙的衬衫，进行性挑衅，但唐龙根本不理他（准确地说是不理解他的意思）。丑化同性恋，是日本《网走番外地》等监狱作品中的惯用手段，在这里也不例外地展现了对同性恋的憎恶。

《龙争虎斗》与前三部作品相比，趣味略有不同。李小龙饰演的武术家（只能简单地命名为李）最初聪明睿智，总是冷静地注视着周围的情况，与周围保持一定的距离，为实现目的而不懈努力。他反对丑化老实人。李的动机在于为死于非命的妹妹复仇，但从中途开始忘记初衷，转而探索韩的岛屿的真相，只想着破坏邪恶组织。李不像《精武门》中的陈真，他在杀人面前并不烦恼，也不像《猛龙过江》中的唐龙是异国的小丑。李是战斗的机器，他的行动没有一丝裂缝，也没有一丝犹豫。

父亲的形象明确地出现在善与恶的两个中心上。在影片开头，乔宏饰演的高僧，是李小龙影片中唯一被正面描绘的贤明老者，他在与李的对话中，以浅显的形式说明了李通过武术所达到的认知高度。另一个类似父亲形象的，可以说是代表恶势力的韩。李的功夫片中罕见地由美国人导演的这部作品，起用石坚担任韩的角色，试图让李小龙继承香港电影中功夫演员的正统。虽然李的早死使之成为不可能，但是这个配角演员所具有的纯粹意义并不小。李小龙通过与扮演黄飞鸿的关德兴的战斗，从某种意义上继承了他所体现的武术理念。

《龙争虎斗》以更明确的形式表现了《猛龙过江》最后预告的男性之间的亲密友谊。在全世界以韩的岛屿为目标的武术家中，鲁柏和威廉姆斯被设定为越南战争中的战友，都是远离美国社会中心的人物。李从他们的行为中读出了与自己相近的孤独，虽然仍沉默寡言，但他表现出了共鸣。

三人被邀请去韩的娱乐搏斗场，他们必须在观众面前展示生死搏斗，某种默契将他们联结在了一起。整部功夫片中，李小龙没有和本来应该是同胞的中国人建立紧密的社交纽带。他信赖的是同等的武术家，他们都是在欧美白人社会中处于边缘地位的男人。不过，即使在《龙争虎斗》中，也不会赤裸裸地说明或提示男人之间的羁绊。那些只不过是小小的暗示。

虽然从片段的印象来判断整体是不太恰当的，但对《死亡游戏》中的比利和在塔上等待他的三位武术家的构思，也反映了这一点。他们在立场上确实是对决者，但作为经过多年反复修炼的武术家，他们能感受到和比利之间的默契。特别是与最先登场的丹·伊诺桑托的对决，气氛很浓厚。在《死亡游戏》遗留下来的片段中，被逼到绝境孤立搏斗这一主题几乎可以说被展现得淋漓尽致。

正如以上所说，在李小龙的功夫片中，父亲的形象只作为残骸存在，同性社交的程度在香港电影中是极低的。那么，他对女性表现出怎样的态度呢？简单来说，那就是厌女（misogyny）。

　　《唐山大兄》中的潮安，由于母亲的吩咐而禁止使用暴力。但面对女性，潮安也处于极其强烈的压抑之下。虽然对暴力的回避不久就解除了，但对女性的接近和接触一直回避到最后。开头做刨冰的少女受到骚扰时，他也对是否出手表现出犹豫。而当巧梅遇到同样的情况时，他救出了她，并且不由自主地抱住了她的肩膀，当意识到这点时，又慌张地放开了她。仿佛接近女性时，也会受到以翡翠挂链为代表的母亲无形的目光的监视。潮安有一次过度饮酒，把妓女误认作巧梅，在床上拉住她。电影在这里解释说，他因为喝得太多，酩酊大醉而失去记忆，故意将是否有性行为这一问题处理得十分模糊。第二天早上，从妓女处出来的潮安，突然和巧梅相遇，表情极为尴尬地跑远。《唐山大兄》的罗维导演将清纯处女和妓女视为女性的两种类型来编织故事，无论如何，这都反映了潮安回避女性的态度。与此相比，敌方角色沙密原总是让多个女人陪侍，向妓女的乳房吹针取乐，被描绘成拥有低级趣味的虐待狂。顺便说一下，在李小龙的作品中，正如后面看到的那样，坏蛋无一例外都被描绘成性变态、偏执狂。毫无疑问，这里也体现了认为性异常是道德败坏的儒家思想。

在这部作品的最后，打倒沙密原的潮安，不由得想把手伸向巧梅的脸颊，意识到自己的手沾满了血，赶紧缩了回去。在这里不会有如好莱坞电影般的典型故事情节 / 圆满结局：打败宿敌的英雄和恋人拥抱，沉浸在胜利的喜悦中。虽然是为了给同胞复仇和伸张正义，但因杀人而导致的道德混乱，加上回避女性的态度，使最终的求爱变得困难。

《精武门》在李小龙的演艺生涯中，是主人公离女性最近的一部有趣的作品。被日本人追赶而隐藏起来的陈真将青梅竹马的丽儿叫到墓地，两人亲密交谈。丽儿告白后，陈真含糊地答应了。此处钢琴演奏着浪漫的西洋音乐的旋律。恋人背靠背坐着，沉浸在童年的回忆中，互相诉说未来无望的梦想。他们再三犹豫之后才接吻。

陈真和丽儿的这种清纯爱情，被接在这一场面后的日本人好色的骚扰行为突显。他们一边唱着粗野的民谣，一边为宴会上的脱衣舞喝彩，拥抱着俄国宾客，筹划侵略中国的阴谋。恋人间的爱没有实现。得知大屠杀消息的陈真，用虚弱的眼神看着勉强生存下来的丽儿，歪着头，慢慢地走下楼梯。他仿佛已为某些事情做好了心理准备，与华刑警对话，狠狠地责难在场的日本领事，而后便向精武门的大门冲去。在抗日的愤怒和大义面前，与丽儿的爱烟消云散了。

《猛龙过江》中的唐龙，面对活泼女孩清华，充满好意和反叛的感情相互碰撞。但是，他在任何事情上都很木讷，所以没有注意到这些。清华教授他一些西方现代进步做法，夹杂着些许优越感，但唐龙理解不了这些而洋相频出。他碰巧被坐在街角长椅旁的妓女引诱，跟着去她的公寓。妓女消失在另一个房间后，他马上利用衣柜的大镜子，开始练习功夫中的踢腿和步法。唐龙通过镜子看到了上身不着片缕、下身只穿着内裤向他逼近的妓女，他完全不理解当下的情况，慌张地逃走了。这个喜剧场面展现了主人公乡下仔的样子，同时也代表性地讲述了李小龙一贯表现出的对性的天真、无知和冷漠。正如《唐山大兄》中妓院的那段插曲一样，这里也是清纯少女和妓女接连登场，却以对立的形式出现。唐龙不和任何一个女人发生关系。他在清华的邀请下游览罗马名胜的时候，也只感到无聊。清华一被绑架，他就带着同伴立马救回。但是，不可能有救出后的拥抱镜头。唐龙用跳跃式击踢打坏了天花板上的照明灯，成功吓退了敌方首领，对此他十分满意。他虽然受到清华的尊敬，但并不被她爱，也不爱她。

最后，清华伯父的阴谋被发现，所有事件顺利解决后，唐龙理所当然地告诉她要回香港。他把张开的手掌放在清华握着的拳头上，一言不发地离开了。而女主角则留在原地。李小龙出演的这个结束方式，让人联想到20世纪60年代的日本日活电影中小林旭（《候鸟》系列）和渡哲也（《东京流浪汉》）等明星争相在银幕上表演厌女的情景。《龙争虎斗》中的情节明显是为设定香港版《007》而策划的。受英国秘密情报组织的委托，潜入神秘岛屿的李的角色，几乎可以说是对詹姆斯·邦德的模仿。但是，从以倒叙的手法插入他妹妹想要逃离韩的岛屿而死于非命这一情节来看，香港功夫片所擅长的家族复仇这一动机使情节开始具有强大的说服力，让人忘却当初的框架。与《007》的明显差异是李对女性彻底的冷漠态度。

韩的岛屿被设定为荒淫腐化、极端奢侈的地方。就像李小龙电影中大部分的敌人角色那样，韩也让美女陪侍，整天沉溺于施虐狂式、性倒错的享乐世界里。因此，更能突出李的禁欲态度。

李等武术家被邀请来之后，又被要求分别选择陪夜的女性。非裔的威廉姆斯一次要三个女人，精力旺盛（我只想说这可能会妨碍第二天的比赛，但暂不多提），鲁柏要的是一个年长的老鸨。但是，只有李邀请了事先作为联络员潜入岛上的美玲到房间。这一幕是为了让李获取新信息而必需的故事情节，同时也表明李对女性不抱任何欲望，他身上弥漫的禁欲气息进一步促进了李小龙的神化。

从李小龙回避女性的特点来看，作为遗作而公开的《死亡游戏》的故事设定与李的神话形象是多么矛盾。为了维护自己在电影界的独立权利，而和国际组织对决，这个主人公设定一上来就是错误的。因为李小龙曾经为家人和共同体战斗过，但从来没有为了（保护）自己的利益而战。《死亡游戏》的主人公比利，把美国白人女性当作恋人，考虑到其安全，把她送到黑帮组织无法触及的故国。在这里，李小龙一贯回避女性的态度不仅被无视，还被导演们强行塞进好莱坞英雄的框架里。所以，这部作品在李小龙的电影作品中，除了最后十几分钟之外，几乎没有意义和价值。

关于贯穿李小龙所有功夫片的回避女性问题，在此可以举例说明。如果你是香港电影的观众，你会注意到，这种厌女倾向绝对不是李所固有的，虽然程度有所不同，但从关德兴饰演的黄飞鸿到后来的成龙、洪金宝，甚至李连杰等功夫片的英雄都具有这种性格。毫无疑问，其根本原因在于中国儒教的存在对理想人格的形成有着巨大的影响力。在香港电影界，时时刻刻陪伴恋人和妻子的武术家是不存在的。他们总是孤独的，对师父的忠诚另当别论，就好像功夫才是他们的恋人一样。不过，在厌女问题上尤为有趣的一点是，它与李小龙身边隐约可见的男同性恋问题殊途同归，这一事实似乎与他的本性密切相关。

尽管他决不和女性发生性关系，但李小龙的身体却散发着强烈的性魅力。长时间的格斗有时给观众留下一种类似性交的印象。攻击、受到攻击，他流血的身体上涌出的坚毅，带有一种无法形容的崇高感，在香港活跃的功夫演员中，他的存在变成了特殊的另类。李小龙日夜坚持锻炼身体，过度行动导致脊梁骨损伤。但是，除此之外，他还在身体上使用肌肉增强剂。据推测，那似乎是他早逝的原因之一。但是明知有这种危险，他依然在自恋观念的影响中训练身体，对着屏幕散发出强烈的性吸引力。这由此引发了李小龙电影中另一个奇怪的矛盾：男女完全不存在性行为，甚至厌恶同性恋，但其影像却带有强烈的性刺激。

在遗留下来的四部作品中，值得一提的是李小龙在电影后半段面临最重要的对决时，一定会脱去上衣，光着上身面对对方。无论是在柔道，还是跆拳道、空手道、少林寺等格斗比赛中，通常是穿着训练服进行格斗，但李小龙本人创造的截拳道是鼓励穿着便服的。综合这些因素，我们必须考虑一下李只在电影拍摄的场合才喜欢半裸着战斗，并将其影像作为精彩的表演记录下来的意义。

《唐山大兄》中李穿着简朴的练功服来到敌方韩英杰的公馆，在那里一对一厮杀。双方相互殴打，渐渐地，李的上衣破了，露出了身体。

飞到空中的李踢到了韩的脸，韩口吐鲜血，倒在地上。他卑鄙地捡起掉落的刀，一下子砍向李的胸部。此时，李将上衣完全脱掉，进行战斗，胸膛染血，用脱落的上衣勒住韩的脖子。他几乎浑身浴血，这才勉强打倒敌人。上衣一点一点撕破，并且沾满了鲜血，这个过程从某种角度上说很色情，在冒出的热气中，白色、红色、黑色、草坪的绿色等原色夹杂在一起，引起了极大的感官效应。

在《精武门》中，光着上身的李表演了精彩的双节棍，一个接一个地打倒了日本人。另一边，他在彼得罗夫面前一下子脱掉上衣，慢慢地转动双手，让对方眩晕又困惑，接着他便以可怕的速度重复手上的动作。在这部作品中，圆周运动成为武艺的中心。李毫不犹豫地扔掉上衣是纯粹的战略性行为，其中一个原因可能是地点在日本式的柔道武馆——如果穿着上衣，会被彼得罗夫抓住衣领，被他用柔道之术扔出去。但是，他的动作和锻炼出来的身体向周围散发的压倒性气息，竟让对方忘记了还有这样的一招。李小龙身上的自恋气质给我们留下了深刻的印象。

在《猛龙过江》中，以往脱上衣的动作被固定下来，作为武术中虚构的礼仪被采用。站在古罗马大角斗场的李和查克·诺里斯，不约而同地脱下黑白相间的训练服，一边暴露上半身一边陷入殊死的搏斗。最后打败诺里斯的李，身穿黑色上衣，仿佛也是既定规则一样，将敌人的空手道服和腰带恭恭敬敬地放在尸体上，离开了现场。

《龙争虎斗》可以说是让半裸的身体经受最残酷的自虐性折磨的作品，魅惑力十足。在潜入地牢的时候就已经脱掉上衣的李，受到了石坚的攻击。石安装的假肢上带有长铁爪，活生生将李腋下的肌肉划伤。这个充满生死气息的搏斗场面，在舞台移到镜子之间时，带有无限的奇异风格。怪叫声响彻四方，画面整体不断扩大，在巴洛克风格转向颓废的前一刻，生死立现。李那瘦得可怕的身体里，散发出了临终之人才有的某种不祥和危险。《唐山大兄》中轻松夸张的幽默和《猛龙过江》中拟声效果所带来的喜剧气氛已经荡然无存。但他依靠自虐倾向和自恋主义，在濒临绝境的情况下与对方激烈打斗，血迹斑斑的身体也成了某种稀有物质。

李小龙是一位演员和导演，他在作品的每一个角落都散发着自恋情结。让我们再来看看《猛龙过江》中唐龙被罗马妓女诱惑的场面。站在衣柜的镜子前，摆出功夫姿势的青年固然是不懂男女之事的庸俗乡下人。但是，如果换个角度来看，也可以理解为那是对现实的性诱惑毫不关心，只迷恋镜中自我的美少年。

李小龙的身体所散发出来的，可以被称为男性的性魅力吗？当然不是不可能，通过选择他为研究对象，最近的男性研究会取得更有意思的进展吧。但是，不能忘记的是，这是一位完全漠视女性、以自我满足为本质的男性。没有什么比"被封闭在自己梦想中的白天鹅"这个诗人般的主题更适合李小龙的了。永远弃绝女性，凶狠搏斗，从号叫到流血都充斥着雅致的巴洛克风格，这就是他身上的男性气质。为此，他不懈地锻炼，对身体做出调整。

李对身体的自我意识超越了他的身体，这到底和文化共同体有什么关系呢？另外，它能够（还是不能）以何种形式体现共同体？下一章我们将追踪这个问题——

"啊打！"

民族主义与香港的形象

李小龙的男性阳刚之美呈现出了极其独特的、曲折的形象。它与好莱坞的英雄形象相反，彻底回避女性，但还没有达到亲密的同性社交这个层次。正是这一点将他与后续的吴宇森的英雄片完全区分开。李小龙想达到男性的极致，不断地锻炼身体，必然会带有强烈的自恋倾向。那么，这个自恋的意思是什么呢？本章就从这个问题出发，让我们来理解民族主义是如何与自恋交叉的。

本来在香港的粤语片中，男性的阳刚之美是如何体现的呢？这可以说是一个极其有趣的问题。因为所谓阳刚之美，并不是生物学意义上的雄性本质，而是在文化中形成的。

在中国、日本、朝鲜等东亚文化圈中，性别在文化中的形成与确立，传统的大众戏剧发挥了重大的作用。如果从歌舞伎、宝塚少女歌剧、京剧、粤剧，甚至潮剧、越剧之类的戏剧来考虑的话，就很容易理解了。通过男人演女人、女人演男人来获取高人气，以此决定戏剧体系的现象长期以来一直存在于日常生活中，并作为大众娱乐而被接受。仅仅由男性或女性演员组成剧团的情况在东亚并不罕见。

在思考粤语片中男性性别的特征时，必须首先考虑这样的戏剧传统。这和研究日本电影时首先要着眼于歌舞伎的影响是一个道理。由粤剧的改编而发展起来的粤语电影，从在香港被制成电影的那一刻起，基调便已奠定。在思考粤语片中男性性别的本质时，首先必须牢记这一问题。所以，女演员扮演男性并不奇怪。

以大明星任剑辉为例。她作为男装丽人风靡一时，以《梁山伯与祝英台》《大红袍》等为代表，一生共出演了307部电影，从至今依旧在重映（她的作品）可以看出其影响力之大。李小龙在童星时代出演的《早知当初我唔嫁》中曾和她合作。萧芳芳和陈宝珠等童星出身的女演员，在由粤剧改编的剑戟片或武侠片中饰演男装剑士，并在20世纪60年代以后得以展现华丽的身姿，完全是因为这位任剑辉的伟大存在。

粤语片中，由女性演员饰演男性，博得人气的事情在传统上并不少见。与此同时，男演员们也不用只表现阳刚之美，也可以扮女装。这说明在20世纪60年代，以女性为中心的审美倾向占主导地位。这也改善了为花鸟风月流泪的中国优雅男性的刻板印象。

接下来考察香港的功夫片。功夫电影原本就是从身形动作优雅的粤剧和感伤的情节剧逐渐发展过来的，这一点在本书第三部第一章中有所提及。60年代后期因张彻的出场，这类功夫片脱离大众戏剧，引入真正的拳法，实现了革命性的变化。之后，银幕上不再有传统花鸟风月的优雅，从李小龙到成龙，具有强大意志力和野心的英雄纷纷登场。粤语片中突然产生的这种男性倾向，到了80年代，超越功夫片这一狭窄类型，被吴宇森等人创作的英雄片、风云片、警察片或者古惑仔片（在日本被简单地统称为香港黑帮题材系列电影）等继承，或在周星驰这样的喜剧中得到传承。与传统粤剧的诀别，决定了香港粤语片从女性路线走向男性路线，抱有脆弱宿命世界观的香港男性这一刻板印象被废除，取而代之的是拥有坚强意志、充满民族自尊这一崭新形象的兴起。别再哭了，也不能低头，自己的命运由自己掌控——新出现的功夫片体现了这样的意识形态。李小龙作为功夫演员活跃的1971年至1973年，正是香港粤语片的重大转折时期。在前一章中，我们已经指出他的行为特征，即回避女性和自恋意识。但是，在这里我们必须重新思考一下，这些在这个时代中又包含着什么样的意义呢？

纵观香港粤语片的发展，不难发现，民族主义像地下水脉一样横亘在它的根基上，总是一有机会就向外喷发。受日本军国主义侵略和英国殖民统治的香港，迫切要求电影人承担起唤醒民族的责任，而观众对此也做出了积极的反应。在20世纪30年代制作的情节剧中，出现了不少带有抗日内容的作品；"二战"后备受欢迎的黄飞鸿系列则通过展现广东人眼中具有理想人格的武术家，对英国殖民统治下的香港人宣扬反抗精神。不可否认，这是基于儒教思想的传统世界观。

将功夫片中隐藏的男性之美与民族主义结合的尝试，始于20世纪60年代后半期。这个时期功夫片类型发生了急剧变化，改变了以往贤者的道德观，让那些凶猛而且有攻击性的男性成为英雄。张彻在《独臂刀》（1967）和《独臂刀王》（1969）中描绘的主人公，具备强烈的自我意识和个人主张，不惜赌上生命抵抗权力。让优雅、多愁善感的中国男性重拾被压抑的民族自豪感，恢复男性自信，这些被视为主要看点。当时正是60年代后半期全世界对权力提出异议，亚文化的巨大浪潮随之而来的时期。香港也发生了大规模的反英运动。如要分析李小龙功夫片中体现的民族主义，首先必须了解之前的历史背景。

李小龙作品中民族主义的表现程度，在每部电影中都有微妙的差异。具体通过各部作品来探讨一下吧。

首先要关注《唐山大兄》中"唐山"这个名词。虽然这一般代指中国和汉民族，不过却是从居住在海外、离开故乡之人的视角出发的。舞台背景是泰国的偏僻地区，主人公潮安作为字面上的"大哥"出现在外出务工而被剥削的中国人面前，为了他们的利益而奋斗。他寻求战斗的大义，当明白那是民族团结的时候，他从母亲的嘱咐中解放出来，尽情地投入战斗。

这部作品中，民族主义的阐释并不明确。潮安打倒的沙密原到底是剥削中国人的外国人（有可能是日本人），抑或只是从事毒品走私的坏人，没有说明。但是，以居住在海外的华人社区为舞台，意义重大。从潮安的行为中可以充分看出，中国劳工被置于地理和经济的边缘地位上，潮安呼吁这些弱势者觉醒和团结起来，可见他心中的民族大义。为自己是中国人而自豪，绝不能对权力低头。这就是"大哥"的含义。

如果说《唐山大兄》是一部追求地理意义上的民族觉醒的作品，那么接下来的《精武门》则呼吁历史意义上的觉醒。

以 1908 年的上海为舞台，影片中有施暴的日本人、无法制止这种情况的无助警察、因屈辱而颤抖的牺牲者（中国人）以及谄媚日本人的民族叛徒等很多人。作为恶棍的日本人使用刺刀，作为好汉的中国人则赤手空拳。功夫因与柔道对立而被赋予了道德的意义，兼具民族主义内涵。李小龙饰演的陈真和《唐山大兄》中的潮安一样，受焦躁感驱使，呼吁一群中国人进行反击。见同胞犹豫，就单独向日本人挑战。50 年代香港电影通过黄飞鸿所体现的，是具有人格魅力的智者所倡导的民族主义，而这里则是完全与之相反的憎恶与愤怒，展示了充满男性攻击性的民族主义应有的状态。陈真最后尝试的大跳跃镜头，与《小玩意》（孙瑜导演，1933）中最后阮玲珠在街头拼命叫喊抗日的镜头齐名，是中国电影史上的两大延时摄影镜头，我被深深吸引。两者的共同点都是抗日民族主义，画面的突然停止意味着这个问题在叙事上还没有完结。

《猛龙过江》以更鲜明的形式展现了《唐山大兄》中模糊处理的问题。唐龙是因海外同胞的孤立和种族歧视而突然站出来主张反抗的中国人，他的行为方式被概括为"中国之龙"。唐龙与潮安不同的一点是，他对中国的文化和传统完全自觉，并传授给更弱势、更处于边缘地位的同胞们。他斩断了《精武门》中陈真对师父那样的情感，一切行为都基于自己对中国文化本身的认同。

这部作品回避对过去的怀旧，始终以当今的种族歧视等事件为题材。他习得的功夫通过与空手道高手科尔特的对战，强烈地体现了民族主义的气概。不过应该注意的是，李小龙在这部电影里一次也没说过"功夫"这个词，而是称之为"中国拳法"。这乍一看会给人不自然的印象，但是，刻意回避蕴含南方武术之意的"功夫"一词，而选择中性化的词语，他也许是想提出一个普遍的、统合的中国形象作为文化武器来对抗西方，这也能解释得通。

《龙争虎斗》和《死亡游戏》与以往的三部作品相比，给人一种完全不同的印象。在这两部由美国人高洛斯执导的作品中，丝毫没有让人联想起民族主义的语言和画面，对中国人自我主张的厌恶弥漫到了影片的各个角落。这里所描绘的始终只是欧美人梦寐以求的、神秘的异乡东洋。这样的异乡东洋虽具有一定的审美价值，但缺乏《精武门》那样的历史契机，也与《唐山大兄》《猛龙过江》中"身处他乡的中国人在当地社会中位于边缘"这一认识没有关系，光看画面就能强烈地感受到李小龙对扮演东洋英雄①的不满。

有趣的是，这部作品的开头完整地讲述了李小龙最终领悟的截拳道哲学理念。高洛斯试图排除一切，让人联想到中国民族文化里的东西，讽刺的是，这也是李小龙当时心中所想。之所以这么说，是因为他立足于传统，同时摸索不受固有传统束缚的武术应有的状态，为此必须选择抽象且普遍的词汇。《龙争虎斗》中为什么一定要出现杨斯极不协调的矮胖身体呢？这是因为，虽然同样专攻功夫，但经过西洋式反复锻炼的李小龙的身体状态，必须在与他那个落后于时代的亚裔身体的对比中得到肯定。

在《死亡游戏》的结尾部分，他与三位武术家的对决，在搏斗的场合已经不属于特定的文化传统，而是以超越所有种类的综合格斗技术为目标，《死亡游戏》就是在李晚年的主张下拍摄的。此时已经没有必要像《猛龙过江》那样彰显"中国拳法"了。放弃穿着民族服装进行特定武术规则下的格斗，转而选择便服，这种武术观已经超越了传统功夫片主张的民族主义。

---

① Oriental Hero，此处是指西方人刻板印象中包含了历史偏见的"东洋"。——译者注

　　无论在哪部电影里，李小龙的身体都十全十美地展现了男性特征，其恐怖的速度和各种武术流派的混合，与以韩英杰和石坚为代表的京剧、粤剧出身的优雅身形形成了鲜明的对比。值得一提的是，从《唐山大兄》到《精武门》《猛龙过江》等电影，他的自恋情结变得越来越强烈，在《龙争虎斗》中臻至顶点，这是事实。这部电影结尾出现的镜子，将主人公的形象无限放大，李小龙身体上的阳刚之美永成定格。但是，那意味着什么呢？我们该如何看待传统上发扬民族主义的功夫片这一电影类型，在完全排除了民族主义主张的同时，彰显男性特色这一事实呢？

　　最早撰写香港电影史书籍的张建德，就李小龙专门写下了"自恋与小龙"一章，是最早讨论这一问题的评论家。[68]他试图分析中国人和欧美人在接受李小龙电影时表现出的决定性差异。在这里，让我们先来听听张建德的分析。

　　李小龙使香港的电影观众觉得，中国人不再是弱者，要对中国人的身份感到自豪——这是很容易理解的。即使有代际差异，也没有人会忽略他在电影中体现的民族主义。从上映到现在，李小龙最受欢迎、感动观众最多的电影，排名第一的是《猛龙过江》，第二是《精武门》。与此相比，《龙争虎斗》虽然特意从好莱坞请来导演，花费了远超平时的预算，但没能像前三部作品那样成功。香港人对这样的李小龙产生了共鸣，但对于电影使用了香港意识形态外部的视角来捕捉他们的英雄这一点，明显感到心理上的不适应。

但对大多数欧美观众来说，情况恰恰相反。李小龙在香港拍摄的作品开始在美国发行是因为 1973 年《龙争虎斗》的火爆。锤炼后的身体、超人般的动作、全身散发的禁欲气息，以及包围一切的魔术般的氛围，让对好莱坞动作片感到厌倦的观众立刻着迷。这时，李小龙在先前的三部作品中所倡导的民族主义，因水土不服而被忽视，且被当作混入其中的异物而成了被排除的对象。对欧美观众来说，李小龙身上的自恋情结，只是与众不同的坎普趣味而已。李小龙像圣塞巴斯蒂安那样，一边展示着伤痕累累的半身裸体，一边继续战斗，这是既座头市和武士之后到来的神秘形象，给予观众一种在高级文化的死角欣赏 B 级片的乐趣。

尽管如此，作为英雄的李小龙，并不仅仅受到提倡坎普趣味的观众的支持。在李死后不断被神化的过程中，被积极提倡的反而是为种族歧视、民族歧视而坚决战斗的英雄形象。1993 年，好莱坞的罗伯·科恩执导了《李小龙传》，这是一部讲述年轻时代的李小龙和妻子琳达在美国社会的种族歧视背景下，勤练功夫并将功夫推广的励志情节剧。不过，影片中虽然涉及对亚裔民族的看法，但没有提及中国人的民族大义。20 世纪 70 年代的美国，有不少描写民族英雄李小龙的脍炙人口的作品，例如在《周末夜狂热》中，约翰·特拉沃尔塔饰演的主人公在自己狭窄的房间的墙上，贴着手持双节棍的李小龙的巨大海报。对意大利裔贫穷的青年油漆工来说，李小龙正是推翻民族歧视、点燃世界的英雄偶像。特拉沃尔塔在海报前摆出和李小龙一样的姿势，在镜子前确认后，欢快地出去跳舞。特拉沃尔塔知道李小龙本人拥有在香港恰恰舞锦标赛中名列前茅的经历，是从跳舞开始走向功夫世界的人物。无论如何，李小龙的多元化形象，我决定在下一章阐述，在此先继续探讨本章的内容。

那么，终于到了聆听张建德的分析的时候了。据他所说，李小龙作品中随处可见的民族主义元素，对一般的欧美观众来说，非但没有得到理解，反而似乎连一般的关心都很少。欧美人对民族主义反应冷淡的典型例子，张建德提到了英国电影记者托尼·雷恩的发言，即"比起民族主义，正是李的自恋才令他更加突出"。(69) 顺便一提，李小龙的电影上映较晚的日本也一样。电影界围绕着李小龙的坎普审美积累了详细的材料，这些仿佛与他的自恋主义遥相呼应，不断被神化。但是日本的影迷们不可能用中国的抗日民族主义来立论。对普通的日本影迷来说，李小龙是表现出超人般的活力的英雄，完全不是历史或社会人物。他锻炼出来的肉体的崇高形象足以压倒别人，但也仅限于此。

张建德以李小龙电影在欧美和中国的接受差异为出发点发出警告，即民族主义在当今欧美对李小龙的评价中被不正当地忽视了。但只有在民族主义的语境中，李小龙的本质才会被揭示，这是他的立场。首先，我们必须了解中国民族主义的独特存在方式。我想以自己肤浅的形式展开张的天下论。

19世纪，民族自决的思想在欧洲流行，民族运动如火如荼。任何民族都有建立自己国家的权利，这一立场迫使那些受到殖民统治的弱小民族走上了独立运动的道路。但张解释说，在中国，欧洲式的民族主义不能立即适用。对中国人来说，现实中存在的、通过边境线与邻国区分开来的"国家"等，充其量只是暂定的权力形态，也就是以地理为依据的约定而已。更重要的是，孔子在很久以前就提出了"天下"的观念。所谓天下不是政治形态，而是具有相同的价值观和信奉相同的道德观，这不应由特定的界线规定。中国民族主义的真实状态不是"国家"，而是关乎"天下"。这种倾向，在过去被称为华侨、居住在海外的中国人和长期受到殖民统治的香港人身上尤为强烈。

据张所说，李小龙的民族主义正是基于这样的天下观。如果按照欧美的标准理解民族主义，那在理解他的作品时会有障碍，看不到原本的意义。

那么，李小龙身上另一个强大的特征——自恋，将与民族主义产生怎样的关系呢？张建德认为，李小龙的自恋只不过是民族主义的一种表现。成为自恋对象的可能是他充满男性气质的肉体，是每天不懈的修炼、禁欲的生活，其中最重要的是不断的自我管理。银幕上的任何拳击踢打都不过是每天锻炼的结果，并无超人之力。对肉体的自恋实际上与精神、道德的自我主义是同义的。这相当于，说中国人不用低头了，和说中国人漂亮的意思是一样的。

但是，纵观张建德的逻辑推演方法，不得不产生疑问——我们可以理解欧美人为什么忽略李小龙在电影中的民族精神，而把重点放在自恋上。然而，自恋作为解释民族主义的原理，仅仅只是这样吗？张建德的理论给人的印象是，直到某一时刻，李小龙的男性气质突然横挡在眼前，慢慢取代了民族主义的言论，并渐渐使之消失。那么，李小龙为了确立男性气质而回避女性的这种现象，到底该如何与民族主义建立关系呢？这个问题至今还没有定论。比如《龙争虎斗》完全没有留下民族主义的痕迹，但包括对其坎普趣味和想象中的东方刻板印象的研究在内，该如何评价李小龙的自恋主义已经深深渗透进整个作品呢？很遗憾，这个问题还没有得到解决。

张建德的立论基于这样的前提：李小龙的电影反映了香港观众潜意识里的民族主义，李小龙凝聚了他们的期待和希望。简而言之，张建德把李小龙当作香港的象征，在这个前提下探究李小龙在电影人生上的连贯性。从这个逻辑推断，李小龙提倡的男性气质就是重新认识香港功夫文化中的传统元素，因此得到普罗大众的支持。另外，张建德所主张的民族主义必须基于中国传统观念的延伸才能被理解。

与张建德对李小龙的解释截然不同的是罗贵祥和李小良两人。[70] 他们建构的逻辑极其费解，与电影史学家张建德完全不同，几乎没有围绕具体电影展开叙述，所以显得太过抽象。但是，他们也提出了一些有趣的看法。不管怎样，让我们先概括一下罗贵祥先生的观点吧。

罗首先提出了在香港完成文化自我塑造的过程中，李小龙的功夫片处于什么地位的问题。话虽如此，他并不像张建德那样，轻易便在男性气质与民族主义之间画等号。他认为李小龙的身体和香港文化之间也不可能有单纯的表象上的关系。罗贵祥强调的是，李小龙的电影对现实中的香港文化完全没有直接的参与。经过锻炼、散发出崇高气质的体魄，与多元化的香港文化氛围完全不一致，而且李小龙在四部作品中，一次也没有以同时代的香港岛和九龙半岛为舞台。之后的成龙每次一有机会就将现实里的香港风景纳入镜头中，两相对比，这将是一个有趣的观点。

那么李小龙的存在，是怎样与香港交叉的呢？据罗贵祥所说，香港人在形成自我身份认同时，首先需提供某种必不可少的、优越的真空地带，这就是李小龙的身体。李小龙内心并不拥有本地文化，所以在那种真空中魅惑了香港人，香港人也能够认同他。不用说，香港以西方和东方的文化混合为特征，具有不稳定、不确定、不纯粹的特性，虽说有些讽刺，但这是一个有理论依据的空间。香港人如果要确立自己的主观意识，那只有在认识到自己被夹在大洋东西这一缝隙中之后才有可能。无论是关于回归中国传统的话题，还是走

向全球一体化，都不能说充分把握了香港的身份认同。前者
会掩盖功夫的历史变迁，后者只会在普及的武术指导过程中
将功夫的历史变迁解构。

据罗贵祥介绍，之所以对李小龙很感兴趣，是因为他的
身体所呈现的崇高气质在香港人的主观认识中是绝对无法确
定的性质。他对当地文化的彻底缺失，反而对香港人身份认
同感的形成具有一定意义。李小龙拒绝将香港本土引进自己
的世界，而成龙以更彻底的香港形象肯定本土化，并借此跃
居国际舞台。成龙在香港人面前坦率地暗示他们可以被同化
的地方。李小龙如此钟情于纯粹，而之后的徐克和王家卫，
则从他那崇高的身体中，残酷地剥夺了所有的物质性，将这
一切还原于表面。前者借助速度和移动，后者借助停滞和缓
慢，让男性身体虚空化，从而成功达到目的。

李小良理论的耐人寻味之处就像与罗贵祥联动似的，但
又有些许不同。他在解析李小龙的民族主义方面，与罗有共
同的地方。据李小良说，李小龙并没有向香港人提供身份认
同的真空地带。李小龙的存在形式是世界主义和后殖民主义
的，他与香港没有任何表象关系，完全与香港平行。李小良
想强调的是，香港的世界主义具备颠覆秩序的潜在力量。此

时，李小龙和香港之间很强的同源性再次得到了确认。

介绍完张建德、罗贵祥、李小良三位对李小龙的评价后，我感受最深的不是哪位讲的才是真实的李小龙，而是各个评论者立场的不同。张建德大概属于在高中时去香港电影院看李小龙电影而被深深震撼的一代人，从字里行间可以推测出他作为与我同时代的人，完整地体验了李的神话。他所代表的是笃信香港与中国内地文化传统之间具有连续性，期待着不仅香港，所有流散海外的中国人都能够凝聚在一起的香港观众。

与此相对，更年轻的罗贵祥和李小良，在神话一度沉寂后，从遥远的视角，将李小龙作为一种现象来看待。他们属于不抱有这种连续性和凝聚性幻想的一代，共同认为香港文化不能归于任何对象，只能通过中间状态（betweenness）来加以定义。不过，罗贵祥和李小良之间，围绕着与李小龙的距离，似乎也存在着微妙的立场差异。如果说强调李小龙之虚空化的罗贵祥代表的是1997年香港回归中国之前的一代人，那么李小良便属于那之后的一代人。

从罗贵祥和李小良的立场来看，张建德所倡导的民族主义观折射出赞歌式的论调，而张认为，罗和李的主张过于偏狭和西方化，将李小龙的存在锁定在香港这个地方，恐怕是扭曲了其影响力之巨大。暂且不谈代际间的差异问题，围绕李小龙的这些认识差异，原因之一是立场不同——对香港的文化在传统意义上的连续性认同到何种程度，抑或认为这种连续性已经断绝。

还有一点不能忘记：两者的知识来源不同。张建德所依据的电影史与罗贵祥、李小良所依据的文化研究有着极其不同的背景，所以即使是同一对象，也会选择完全不同的接近方式。特别是在面对大众文化中被神化的英雄形象时，其差异就显现出来了。因为对罗贵祥、李小良而言，在接受神话的同时，创造出神话的观众这一要素在分析时具有很大的意义，而作为经典作品一度被分段化的李小龙电影，其观念已在主体间性的讨论中融解。

李小龙，只存在于讨论他的人之间。或许这才是正确的看法。但是，在三位研究人员面前，我产生了一个疑问：仅仅从与香港自我身份认同的关联上论述李小龙，究竟能否概括他的全部呢？如果将张建德的理论进一步深究的话，李小龙就算是忠实于中国传统文化的当今代表人物，也只能被认为对香港的本地文化毫无贡献。相反，如果遵循罗贵祥和李小良的推论方法，正是本土性（locality）缺失的本质上的虚空，使李小龙被视为与香港同质性的存在。但是，人们会怀疑，是不是应该把李小龙局限在香港社会这个有限的环境中，仅从对香港自我身份认同的贡献这一角度来探讨他所体现的双重意义呢？这是因为，现实中的李小龙是神话英雄，而他在现实中的香港只形成了极其暧昧的身份就结束生命了。

传记讲述了布鲁斯·李的混血儿身世。他出生于旧金山，拥有美国国籍，与美国女性建立了家庭，在香港的广东人社群中被置于极其边缘的位置。曾有这样一段有名的插曲：因流淌着西洋人的血，容貌上能看到某些非中国特质，在功夫教室里，师兄们对这位小师弟的入门感到非常惊讶。相反，他在好莱坞，由于典型的东方人相貌，没能获得连续剧主角的宝座，在美国电影界不得不备受挫折。作为功夫演员，使他的名字被神化的五部电影作品中，竟有两部是出自好莱坞导演之手，这一事实如实表明了他无法被纳入香港电影史内部，是双重意义上的存在。李小龙对香港本土文化始终保持距离感，一直不愿意将香港本土文化纳入其作品中，这大概可以从他一生在文化上完全没有归属香港的事实中得到解释。再加上他必须重新思考对内地始终保持沉默的意义。李小龙在其作品和人生中，不断体现出既不属于美国、也不属于本土，而是一直受两者指引，停留在中间的悬而未决的状态，正是这中间状态才是他的本质。他的作品中强烈彰显的民族主义告诉我们，正是他处于移民社群之中，才催生出了上述观点。他身上闪耀的自恋，可以解释为是处处遭到贬低、被置于边缘地带的人才实施的防御和反转。但我丝毫不认为这个解释可以还原一切的神话，那神话向外绵延，早已得到了更大的膨胀。

那么，李小龙的真相到底是什么？什么是真实的李小龙？

我们不仅不能回答这个问题，而且看到问题本身变得不可能，真让人感到无比困惑。在我们身处的这个环境中，讨论李小龙形象的研究人员之间就存在分歧，谁也无法窥知一个单一、绝对的李小龙。李小龙在包围着他的一切眼花缭乱的云团中扩散消失了。

非常有趣的是，我觉得这种事态实际上被《龙争虎斗》中的李小龙本人抢先了一步。在这部影片的结尾部分，追踪石坚的李无意误入镜中，在无限分裂、增大的自己和敌人的影像之间上演了一场殊死搏斗。在那里，敌人、朋友之间的对立已经失去了意义，敌对双方脱离了身体的个性，作为博尔赫斯意义上的一对融合体（syzygy），相互缠绕，又相互分离。李小龙从这个邪恶的无限中脱离出来，是他想起影片开头高僧教导的"所谓敌人就是幻影"的时候。面对在香港上演的李小龙解读争论，我想起了这个充满巴洛克趣味的镜子间的情景，它似乎暗示了李小龙的死亡以及我们的生存。写到这里，我们应该能够理解剖析李小龙神话并不仅仅是对过去的尸体解剖，而是现在进行着的活生生的体验。

本书也快接近尾声了，最后让我们谈谈李小龙去世后在电影界产生的涟漪。

李小龙之后

　　自 1973 年李小龙三十二岁的生命终止以来，已经过了大约半个世纪的时间。电影史上出现过无数夭折的电影人，但像他那样死后非但没有被遗忘，反而不断被神化的电影演员，恐怕是很罕见的吧？反映出他人气的电影一部接着一部地被制作出来（其中最大规模的是《死亡游戏》），具有类似艺名的功夫演员像泡沫一样出现又消失。周润发、张国荣、周星驰等香港电影界的明星层出不穷，但谁都不像他那样，有着悲壮的威严。2005 年，香港电影界授予李小龙 20 世纪电影"巨星"的称号。他的演出作品以录像、VCD、DVD 等形式出现，不用说香港，从日本的 CD 店到巴勒斯坦、波斯尼亚和黑塞哥维那的市场摊位，在全世界到处都有卖。前几天，我访问巴勒斯坦难民营时，了解到那里也有盗版的 VCD 在摊子上卖。正如詹姆斯·迪恩对全世界的年轻人来说，作为反抗旧社会父权的象征而被神化，李小龙对那些被置于政治边缘、充满民族尊严的年轻人来说，正是光荣的反抗的化身，

笔者 2004 年在巴勒斯坦找到的盗版 VCD

李小龙在香港迅速被漫画化

直到今天仍然被人们敬畏。

　　好莱坞的动作片在以李小龙为中心的功夫热潮之后，改变了格斗的方式，开始积极地使用踢击。讽刺的是，好莱坞拒绝了生前的李，却在他死后却从其电影贡献中获得了巨额的财富，直到今天。香港电影中，成龙、洪金宝、元彪等人才辈出，作为后李小龙时代的功夫演员影响到内地，李连杰也因此出名。日本电影也不例外，千叶真一和志穗美悦子等功夫明星在20世纪70年代非常活跃。李小龙的影响不仅留存在电影界，漫画也为他的神话做出了巨大贡献。并不只有香港漫画界把这位旷世奇才作为故事题材，漫画大国日本80年代大受欢迎的《北斗神拳》（武论尊原作、原哲夫画）也从中汲取了很大的灵感。

　　在结束本书之际，我想从众多后李小龙时代的现象中，论述一下我认为最重要的两个主题。一个是李小龙的功夫片对好莱坞和美国多民族社会的决定性影响，另一个是批判性的继承者——成龙的出现。在这里选择好莱坞和香港这两个环境，有相应的理由，因为这与李小龙的出身和经历有着本质的关系。

　　李小龙的《唐山大兄》最初在美国上映是在1973年3

月。其实，从前一年开始，美国就开始了功夫热，邀李小龙参与华纳制作的《战士》连续剧是这股热潮的原因之一。收购《唐山大兄》的也是华纳。这个月除了李小龙之外，罗烈主演、邵氏制作的《天下第一拳》等五部电影也同时上映。《唐山大兄》刚上映不久，很快就跃居美国杂志《综艺》（*Variety*）的首位，这作为外国电影是史无前例的。1972 年被逼到濒临破产的华纳，因黑人动作片《超级飞人》终于存活下来，马上在 11 月上映了《精武门》。因为持续收益颇丰，他们开始了《龙争虎斗》的共同制作，并于 1973 年 8 月李小龙死后不久在美国上映，票房仅次于那一年的好莱坞电影《驱魔人》。（71）

　　1973 年是整个美国对功夫片狂热的一年。纵观每周纪录，3 月至 10 月间，竟有六部香港功夫片跃居收益首位。我们必须注意，在这股热潮到来之前，英语中并不存在 "martial arts" 这个词，它是由 "武术" 直译的。从 "karate" "judo" 等一直为人所知的日本武术，到李小龙所说的 "Jeet Kune Do"，表示东方武术的美式英语，之后得到了广泛使用。

　　可是，在李小龙的作品中，只有他亲自导演的《猛龙过江》的上映推迟了。原因是发行方华纳犹豫不决，认为李小龙本人并不期望这部作品在香港之外受到欢迎，而且它的民族主义色彩太过浓烈。但是，1974年2月上映后，在纽约头五天就获得了百万美元的收益，这是前所未有的成就。尽管如此，这种狂热却没有一直持续。1975年对功夫片的狂热已经完全凋零，甚至那一年戛纳电影节获奖作品——胡金铨的武侠片《侠女》都找不到发行方。不过，虽然功夫片的进口中断了，但其影响却以意想不到的形式留在了好莱坞。

首先，功夫片对20世纪70年代后表现出消沉滞后的好莱坞电影带来了巨大的刺激。例如，西部片日趋凋零，以19世纪中期横贯大陆的铁路为舞台的《战士》被改编成电视连续剧。功夫和西部片很容易结合，加上当年廉价西部片的热潮，中国、西班牙、意大利三方得以联合制作。在电影史上，类似的事件有60年代好莱坞受日本古装剧启发，用《豪勇七蛟龙》（1960）翻拍黑泽明的《七武士》，用《红·太阳》（1971）将三船敏郎带到大西部等。另外，功夫也给恐怖片，尤其是吸血鬼影片带来了新的创意。

从长远来看，李小龙的存在给好莱坞动作片中格斗场面的武术指导带来了决定性的变化。最直接的体现是他死后马上制作的《007》系列中的一篇《007之金枪人》（导演为盖伊・汉弥尔顿，1974）。在这里，原作中的加勒比海变更为南亚，进行谍报活动的詹姆斯・邦德，被困在了曼谷功夫武馆。他通过武馆门生习得功夫，和搭档一起逃出武馆。在《007之金枪人》中，可以看到《007》对借用其主要情节框架制作的《龙争虎斗》的有趣反应。另外，《猛龙过江》中的查克・诺里斯20世纪80年代饰演从越南归来的特聘队员的《越战先锋》（1984）、《大侵袭》（1985）等短片系列，都是受到李小龙影响的产物。

但是，随着岁月的流逝，李小龙的存在超越了个人的范畴，变成了动作片中每个人都熟知的典故。将20世纪90年代以后的杜夫・龙格尔、尚格・云顿、史蒂文・西格尔等动作演员的动作与70年代以前的演员相比，可以看出李小龙创作的格斗风格不知不觉变得普及，而旧时代的动作渐渐变少。在《致命武器》系列中，不仅是拳击，踢击的使用也很普遍了。这种趋势直接促使吴宇森和林岭东等导演从香港来到好莱坞，并且，从昆汀・塔伦蒂诺全片对李小龙充满赞许的《杀死比尔》（2003—2004）来看，这种趋势越来越明显。想起李小龙本人经常因好莱坞而遭受挫折，这只能说是一种讽刺。

70年代好莱坞电影史上最有意思的事件之一，是功夫片与黑人电影建立了积极的关系。不，如果使用更准确的表达方式，那就是由白人制作、导演，以黑人为主角，作为娱乐动作片的黑人剥削（blaxploitation）电影出现了。电影史学家大卫·德泽指出，由于受到黑人和年轻人这一美国社会中被置于边缘地位的群体的支持，至今为止这一类型的电影很少为好莱坞研究人员所瞩目。事实上，在白人明星能够从越南战争中找到自己的同一性，理解亚洲状况，并稳定地发挥积极作用之前，这一现象一直作为美国官方电影史上极其恶劣的丑闻而被回避。情况在日本也一样，对约翰·福特放心进行论述的评论家，竟对黑人和功夫结合后的 B 级片嗤之以鼻，因此我想在此强调其意义。

黑人电影与东方武术的关系在李小龙电影到来之前，在 1972 年制作的《超级飞人》中就已浮出水面。功夫热加速了这种趋势，到了 1974 年，黑人动作片纷纷在功夫上寻求避难所，从两者的结合中诞生了许多 B 级电影。其中心人物自然是执导《龙争虎斗》的罗伯特·高洛斯和出色演绎了威廉姆斯的吉姆·凯利。

关于高洛斯已经在《龙争虎斗》一章中进行了说明，所以这里就只谈凯利吧。吉姆·凯利 1946 年出生在肯塔基州，最开始学习空手道，但受到李小龙的熏陶，立志要学功夫。1964 年，李小龙在国际空手道锦标赛上展现了惊人技艺，凯利参加了 1971 年的那一届，夺得了全美中级冠军的宝座。李小龙死后，高洛斯和凯利组成搭档，接连推出了《黑带猛龙勇娇娃》《狼群》《神奇夺命计》等电影，凯利成为黑人功夫第一人。每一部作品都是讲述凯利出于正义感和对同胞的认同感，不顾上司的反对前往敌地，消灭邪恶敌人的故事。在《黑武士》（导演为阿尔·亚当森，1976）中，凯利为了救出女性朋友，潜入一座邪恶孤岛，成功消灭了敌人。这可以说是黑人版《007》，也可以看作是《龙争虎斗》的翻拍。

请允许我在这里偏离一下电影史。因为要理解 70 年代黑人对功夫电影的狂热，无论如何都有必要了解其前后的美国社会状况。

李小龙在好莱坞遭遇挫折，与当时统治美国社会的白人中心主义有着很大的关系，这一点已经多次论述过。在一次采访中李小龙说："我是黄脸的中国人，所以不能成为白人偶像。"[72] 他虽一出生就获得了美国国籍，但亲身体会了种族歧视。1966 年，李作为东方演员在好莱坞抓住了第一个真正的契机。《青蜂侠》中的加藤擅长武术，善于耍竹艺，不用枪就能打败敌人。华裔美国人的举动每周都会在全美国的电视上播出，这是一件划时代的事情，即使他饰演的角色从来没有脱离过充满刻板印象的东方人形象。令人惊讶的是，在前一年，即 1965 年，美国修改了臭名昭著的移民法，美国需要具备特殊技能的亚裔移民，因而改变了方针。加藤默默地帮助主人，这正是当时美国社会理想中的东方人。但是当李小龙按照自己的意愿发言，开始为影片制作提出建议时，好莱坞毫不犹豫地抛弃了他。从《龙争虎斗》中的角色被放逐来看，这是显而易见的。

为什么非裔美国人和李小龙有很深的共鸣？为什么他们会为银幕上出现的李的举动喝彩，甚至把他当成英雄而热情地前往设立在贫民区一角的功夫武馆呢？为了回答这个问题，必须翻阅一下美国的移民史。在美国历史上，黑人长期以来作为没有文明、野蛮、未开化的存在，受到歧视和迫害。中国人则恰恰相反，因为拥有大量与白人文化完全不同的文明，绝对不会被白人同化，也因此广受歧视和迫害。无论理由如何，不难想象，正是这种身处社会边缘的自我认识使非裔美国人对华裔产生了亲近感。

吉姆·凯利一边回忆李小龙说要和好莱坞诀别，然后回香港的情景，一边说道："我深深地尊敬布鲁斯。因为我作为美国黑人能理解他所经历的一切。他找到了解决所有这些问题的方法。并且他决不放弃。我理解他。"（73）

纵观20世纪60年代后半期至70年代前半期，美国社会中发生的各民族民权运动，便可知非裔和华裔（或广义上的亚裔）之间相互交涉、影响、共同斗争的故事。马丁·路德·金和马尔科姆·X都呼吁自己的同胞拒绝接受白人的命令，拒绝在越南杀害无辜的民众。从黑豹党的战术论中可以看到来自毛泽东思想的强烈影响。以前被错误地称为"印度人"的原住民占领了阿尔卡特拉斯岛，主张先祖土地神圣的时候，支持者是日裔的激进年轻人，还有巴勒斯坦解放组织。1969年黑豹党来到旧金山唐人街时，受到刺激的华裔青年中间还诞生了美国版的"红卫兵"组织。

当李小龙的电影来到这些立志反体制、反权力的激进年轻人中间时，很容易想象他们的兴奋程度。出生于加尔各答，现在在美国担任国际关系教授的维贾伊·普拉沙德，对《猛龙过江》在这样的环境中如何被接纳给出了有趣的解释。（74）

据普拉沙德介绍，这部围绕罗马的中餐馆进行讲述的影片，被解读为亚裔美国人抵抗越南战争的寓言。唐龙让虚弱无力的员工团结起来，组织他们训练功夫，反抗当地的权威者。当权者雇用的两个美国人和日本人保镖，指代被越南战争征用的美国士兵和韩国士兵。唐龙的战斗是中国文明和西方文明之间的斗争，从狭义上说，也是"东方红"和美帝国主义之间的斗争。李小龙代表亚裔美国人，亲身表明亚洲人是可以踢向美国人的。

为了印证这位印度人的解释，我来引用一下当时作为旧金山"红卫兵"一员的华裔美国人 Alex Hin 的发言："李小龙活着的时候，我对他持批判态度。因为他扮演加藤这样的人物。而我是极左分子，'李小龙扮演奴隶的角色，为白人而战。我觉得这样不行'。直到他死了我才明白，在让人更正面地描绘亚洲人方面，他扮演着重要角色。作为一个优秀的武术家，总会卷入很多事情。放弃那些事，应该能走更简单的路吧！"(75)

李小龙是反体制运动和民权运动的象征。美国国内体验到残酷歧视的少数族群走向激进的政治斗争时，他们所认识的李小龙既不是香港影迷所持有的"天下"观民族主义的体现者，也不是欧美电影评论家所喜爱的自恋主义的追随者，更不是以拒绝当地文化为借口，走向世界主义的虚空化存在。考虑到李小龙死后到现在，他的作品仍不断在世界各地上映，或者作为盗版的复制品在摊贩、市场上贩卖，我们可以超越中国人或者亚洲人的框架，来论述李小龙作为反抗一切压迫的主体这一形象。

接下来，我也简单地提一下李小龙去世后的另一件事情——成龙的出现。

70年代的香港电影界，善于制作官话（北京话）片的大制作公司邵氏没落，而制作粤语片的嘉禾作为新兴势力崛起。有这样一则有趣的逸闻：最初，李小龙向邵氏推销自己，因未成功而走向嘉禾。这说明过去的大公司在各方面都已过时了，丧失了预判新电影发展方向的能力。许冠文也完成了由邵氏制作的官话片——最初的四部作品，但反响平平。之后，1974年他来到嘉禾，作为粤语片的喜剧演员掀起了大热潮。许主演的《鬼马双星》相对于当时占主导地位的官话电影，充满了粤语中特有的笑点和语言游戏，当年在香港票房收益第一。李小龙的喇沙书院同窗许冠文，也许是想到了从电影界消失的李小龙，就像和自己的登场互换一样，在这部打闹喜剧中，亲自出演模仿《精武门》的片段。其中有逃进厨房的主人公被逼得走投无路，抓住手边的香肠当作双节棍挥舞的场面。

以许冠文为突破口产生的粤语片对官话片的优势，在70年代末新浪潮兴起时，起到了关键作用。对许鞍华、徐克、谭家明这些新一代导演来说，用粤语拍摄电影已经是理所当然的事了。在这种趋势下，固执于官话片、厌恶南方系的"功夫"一词而拘泥于"武侠"的巨匠胡金铨，不得不将活动的根据地转移到通晓国语的台湾地区。

功夫片在香港的胜利是压倒性的。除了以前那种单纯的复仇和人格培养的故事，与浪漫的情节剧相结合，以复杂的心理创伤和性别对立为主题的电影也非常盛行。功夫片的主题十分多样化。整个70年代，功夫被认为是香港电影的代名词。新浪潮的导演们也不例外，在标榜"作家的电影"的同时，毫不犹豫地将新风尚引入这个伟大的领域。功夫片就这样，一方面把居住在香港的最低收入群体纳入观众范畴，另一方面在审美和技法上也成功地形成了精致微妙的影像世界。成龙登场就是在70年代的香港电影界。

成龙1954年出生在香港。父亲战前与国民党有关，后迁移到香港。母亲也在过去离开家庭，从上海南下到香港。成龙本名港生，顾名思义，是指出生在香港。这样的出身与年长他十四岁的李小龙形成了鲜明的对比。如果说李的自我身份认同总是在香港和海外的中国同胞之间摇摆不定，那么作为电影人的成龙就是明确以香港为据点，代表香港的。

成龙七岁的时候，在专门培养京剧演员的学校当寄宿生，在那里和洪金宝、元彪等"七小福"成为同学。与李在美国的大学学习哲学正好相反，成龙从小就作为歌舞和功夫艺人受到追捧，这是他成为演员的基础。他在这里学到了南北双拳。不过，京剧热在香港的衰退，促使他走向了功夫片的摄影棚。十八岁的成龙很奇怪地在李小龙的《精武门》中扮演日本武术家铃木的替身，被李小龙一脚踢飞。不久，李死后，他作为与李完全不同类型的功夫明星崭露头角，为香港电影带来新风。

1976 年，成龙被提拔为李小龙《精武门》续集《新精武门》的主演。虽然在前文也稍微提到过，但是此处还是再复述一下。电影讲述了年轻的功夫家在精武门师妹（师父的女儿）的鼓舞下，向日本武术家复仇。导演和《精武门》一样是罗维。从苗可秀饰演的师妹到罗维饰演的华刑警，人物设定几乎都是从《精武门》延伸出来的。从成龙自称是李小龙继承人的意义上来说，这是一部很有意思的电影，但是当时的他还没有创作出独特的风格。成龙走出李小龙的影子，作为功夫演员构筑自己独特的世界，是在1978年的《蛇形刁手》《醉拳》之后的事。

在由袁和平执导的这两部作品中，成龙成功地将功夫和喜剧结合在一起。把手腕视作蛇头，跟着舞蛇笛子练习拳法。还有那不可思议的拳法，酒喝得越多越醉，就变得越强，借用柔软的腰部和紊乱的脚步发挥越来越强的威力。这是严谨的李小龙根本无法想象的奇思妙想，杂技和哑剧表演被广泛使用。成龙的搞笑姿态在那之后也越发激进，在初次导演的作品《笑拳怪招》（1979）中展现了奇怪的女装打扮。《师弟出马》（1980）更是超越了功夫片规则，双手执剑的主人公热衷于集体舞蹈。

这里不能忘记的是，李小龙去世以后，香港功夫电影界意气消沉，成龙想方设法通过这种小丑式表演来继承和复活传统。《醉拳》之所以以频被改编的主人公黄飞鸿年轻时被乞丐老人传授秘拳的传说为基础，就是因为有这个想法。《师弟出马》延续了李小龙的《龙争虎斗》末尾17分钟的格斗场面。其中成龙精神饱满地吃完辣椒籽，发挥出让人联想到基顿的超能力，打倒敌人。饰演敌人的是在"黄飞鸿"系列中经常饰演恶人、在《龙争虎斗》中也特别出演的石坚，这并非偶然。这一时期的成龙真诚向他讨教，一门心思想确立与李小龙不同的功夫风格。"成龙"的字面意思，就是成长为龙。成龙出演的作品的特征是，一个平凡的年轻人因偶然机遇得到智慧老者的教诲，通过修行成长为独当一面的武术家。这与李小龙正好相反，李小龙从拍摄电影开始就一直有超人般的功夫，扮演没有成长的主人公。如果说李小龙总是在银幕上扮演真诚的青年，由于愤怒和憎恶而不惜殉教于民族，作为史诗英雄给观众留下深刻的印象，那么成龙则是大胆无畏的调侃者，作为不怕失败和反复尝试的青年，他扮演的英雄更贴近观众。相对于李小龙的孤立和强大，成龙的作品里混杂了对过程的拘泥和对同伴的信任。成龙经常在作品的结尾部分展示部分 NG 的镜头，这是因为他重视作品完成背后的过程。成龙体现的是生成的理论。

"如果李小龙高踢，我就低踢。如果他是不屈不挠的英雄，我就是失败者。如果说他的电影很浓郁的话，那我的就是轻淡的。"(76) 成龙的这句话，深刻地体现了他和李小龙之间的隔阂和差异，同时也深厚地表达了他对先行者的敬意和

成龙《新精武门》(1976)

敬爱之情。

李小龙毫不掩饰对对方的轻蔑，站在"宽容就是侮辱"的立场上，向对方发动全力攻击，成龙则会向敌人亲切地搭话，展现出幽默的态度。这种游戏式的战斗态度，常常让观众忘记胜负的严肃性，联想到配有舞伴的后现代舞蹈。李小龙在格斗场合讨厌一切人为的把戏，他要求功夫尽可能以没有杂质的形式来表现。但是，成龙不仅对引进杂技表现出灵活的态度，而且在重新将李严词拒绝的戏剧传统引入功夫片方面也很积极。京剧演员出身的他，从街头杂技到劳埃德、基顿等好莱坞无声电影的创意，毫不犹豫地将其纳入电影画面。从钟表台上跳下来、跳到气球上等连续不断的杂技表演，赋予了其作品明快的娱乐性格。马克思曾经说过，历史总是惊人地相似。但是第一次是悲剧，第二次是喜剧。李小龙的批判式继承者成龙，确实让人想起了这句警句。

李小龙活跃的 70 年代前半期，和成龙出道的 70 年代后半期，香港电影状况的不同，也必须在这里思索一下。这期间发生的是大牌电影公司的凋零，摄影体系的解体，具有欧美电影学校留学经验的新一代导演的崛起（"新浪潮"）。成龙在这样瞬息万变的情况下，被迫制定了与先行者截然不同的战略。对他来说，李小龙就是在功夫片和中国人的形象方面塑造了一个伟大原型的人物。但是在成龙的这个时代，拘泥在一个原型中是很困难的。20世纪80年代初，许鞍华、徐克等新浪潮导演崛起，香港电影作为作家电影发生巨大转折，成龙从以往的搞笑功夫片一点一点转型，走向了更严肃的情节剧。作品中飘荡着对古老美好的好莱坞的乡愁。《A计划》（1983）是对伯特·兰卡斯特海盗电影和奥逊·威尔斯的轻快模仿，《奇迹》（1989）是弗兰克·卡普拉的《锦囊妙计》和《一日贵妇》的巧妙组合。李小龙一方面表现出对民族主义的拘泥，另一方面又彻底回避将同时代的香港文化引入电影之中。他作品中的舞台，经常是与香港隔绝的孤岛，或者是海外中国人的居留地。在前一章中也提到过，这种情况使他和香港的关系变得复杂且具有双重意义。成龙在作品中，回避了这种双重意义。他饰演的主人公并不聪明，也没有被赋予特权，只是香港普通的年轻人，因此香港的电影观众可以很容易地与他产生共鸣，实现同化。1985年拍摄的《警察故事》是将功夫搁在一边，考察香港地缘政治的动作片，讲述一位香港警察官尽管比谁都了解香港的内情，但还是必须听从英国提督的命令。香港回归中国的1997年前后，成龙反过来走上了周密的全球化路线，在《龙兄虎弟》（1986）和《龙的心》（1985）等作品中，他从日本到俄罗斯、澳大利亚，以全世界为舞台，拍摄不归属于任何地方的功夫片。他始终知道最有才华的导演往往是一个拥有可怕均衡感的人，如果向好莱坞看齐，世界主义变得太强的话，就要马上压制。在1994年拍摄的《醉拳2》中，他回归了传统功夫片，并告知观众他并没有忘记对香港电影本土化的关注。

李小龙回避女性的特色，在成龙这里并不是很突出，但不得不说，这在香港电影的英雄身上有某种奇妙的传承。对成龙来说，女性首先是应该受到保护的弱者，她们不是故事的点缀，就是事件的受害者。成龙对女性总是很温柔，但同时又知道女性是一切喜剧骚动的原因。根据香港回归后对女观众进行的问卷调查，可以看到不少回答者对李小龙旧时代的民族主义、锻炼后的肌肉美和禁欲人格表示厌恶，同时对成龙的"可爱"、非暴力和喜剧性表示共鸣。很多女观众说虽然她们相信李小龙是真实的英雄，但不能认同他，所以也不能欣赏其作品。她们坦率地表示，成龙的作品更令人满意，作为香港人对他的全球化特征持有同感。[77] 这意味着，作为李小龙批判性继承者的成龙，对其电影进行了多年的探究后，终于获得了成功。他把李小龙塑造的单一原型分成多个，成功地实现了多元化。成龙出现后，如果回顾李小龙作品的话，就会从两者的比较中发现李意想不到的一面。那么能得出李小龙被成龙超越的结论吗？关于这个问题，三分之一是这样，三分之一不是这样。剩下的三分之一，只能说两者的出发点和状况相差甚远，所以无法比较。但是，我在这里就不再写了。因为要想充分地谈论成龙，就必须再写一本和这本书一样厚的书。

李小龙的电影生涯从 1941 年三个月大时于旧金山拍摄的婴儿镜头开始，之后经过了不短的童星时代，跨越了好莱坞的种种变化，在香港历经充满光荣和孤独的三年之后，落下了帷幕。但是，在他死后，他的存在越来越黯淡，新的解释和神话不断发生。虽然本书做出了新的尝试，但我毫不怀疑，随着新的神话和解释的出现，它很快又会过时。不，说实话，作为一个置身于李小龙神话中的人，我想坦言，我真心希望李小龙的神话能够不断更新。我暂时先搁笔了。

李小龙电影作品目录

（标题、英语标题、导演名、制作公司、制作年份）

1 《金门女》 伍锦霞 大观 1941

2 《富贵浮云》 俞亮 爱群 1948

3 《梦里西施》 蒋爱民 银鹰 1949

4 《樊梨花》 毕虎 兴隆 1949

5 《花开蝶满枝》 俞亮 大利 1950

6 《细路祥》 冯峰 大同 1950

7 《凌霄孤雁》 吴回 大利 1950

8 《人之初》 秦剑 大观 1951

9 《苦海明灯》 秦剑 中联 1953

10 《慈母泪》 秦剑 红棉 1953

11 《父之过》 孙伟 达成 1953

12 《千万人家》 珠玑 中联 1953

13 《危楼春晓》 李铁 中联 1953

14 《爱》 王铿、李铁、秦剑、珠玑、吴回、李晨风 中联
   1955

15《孤星血泪》 珠玑 中联 1955

16《守得云开见月明》 蒋伟光 大成 1955

17《孤儿行》 李佳、钱大叔 天公 1955

18《儿女债》 秦剑 中联 1955

19《诈癫纳福》 蒋伟光 大成 1956

20《早知当初我唔嫁》 蒋伟光 新光 1956

21《雷雨》 吴回 华侨 1957

22《甜姐儿》 吴回 达丰 1957

23《人海孤鸿》 李晨风 华联 1959

24《青蜂侠》 *The Green Hornet* 20 世纪福克斯 电视连续剧 1966—1967

25《无敌铁探长》 *Ironside* NBC 连续剧 1968

26《可爱的女人》 *Blondie* NBS、CBS 连续剧 1968

27《新娘驾到》 *Here Come the Brides* 哥伦比亚 电视连续剧 1968

28《丑闻喋血》 *Marlowe* 保罗·博加特 1969

29《超级情报员麦汉》 *The Wrecking Crew* （仅限动作场面的演出）菲尔·卡尔森 哥伦比亚 1969

30《春雨漫步》 *A Walk in the Spring Rain* （仅限动作场面的

演出）盖伊·格林　哥伦比亚　1970

31《盲人追凶》 *Longstreet* ABC　连续剧　1971—1972

32《唐山大兄》 *The Big Boss* 罗维　嘉禾　1971

33《精武门》 *Fist of Fury* 罗维　嘉禾、四维　1972

34《猛龙过江》 *The Way of the Dragon* 李小龙　协和　1972

35《麒麟掌》 *Fist of Unicorn* （有特别出演，但仅限武术指导）唐迪　星海　1973

36《龙争虎斗》 *Enter the Dragon* 罗伯特·高洛斯　华纳、协和　1973

37《死亡游戏》 *Game of Death* 罗伯特·高洛斯　嘉禾　1978

注

卷 头

1 布鲁斯·托马斯:《布鲁斯·李——霸主的遗产》,横山文子译,PARCO 出版,1998,第 233 页。根据母亲何爱瑜的话所作,部分译文有修改。

第一部

2 平冈正明:《平民艺术》,三一书房,1993,第 280 页。

3 山口淑子:《不为人知的阿拉伯》,产经新闻社,1974,第 141 页。

4 平冈,同前 2,第 280 页。

5 罗卡:《荒唐才生动》(1993),《功夫热在意大利》(1973),《香港电影类型论》,牛津大学出版社,1997,第 38 页,第 35—37 页。

6 顺便一提,李小龙之前在日本上映的香港电影,只有朱石麒《清宫秘史》(1948)、易文《海棠红》(1955)、李翰祥

《江山美人》(1959)这三部，都比香港晚了三到五年。

7 东映的内藤诚在这个时候首先叫好，在李小龙电影的刺激下，接连拍摄了动作片。后来他冷静地回忆道："日本人看电影的方式，与好莱坞风格或欧美系的'剧本-构成'法有很深的渊源。在这一点上，布鲁斯·李的电影从《龙争虎斗》开始引进真是恰到好处，如果引进其他作品的话，恐怕会招致困惑。"(内藤诚、平冈正明对谈"布鲁斯·李的实像和虚像"，出自平冈正明：《电影三国志》，Aton 出版社，2001，第 200 页)

8《电影旬报》，1973 年 12 月上旬号，第 86—93 页。

9 平冈，同前 2，第 274 页。

10 佐藤忠男：《Strangers meet：第三世界的电影》，现代书馆，1984，第 91—92 页。

11 关于这一点，围绕如何论述隐藏在亚洲"作家"电影背后的本地国民电影的问题，我在《亚洲电影中的大众想象力》(青土社，2003 年)里进行了案例研究。

12 以下是写本章时的参考文献：

Bruce Thomas, *Bruce Lee: Fighting Spirit*, Lucas Alexander Whitley, 1994 (日译名：同前 1)。

Linda Lee，*The Bruce Lee Story*，Ohara Publications，1989（琳达·李：《布鲁斯·李的故事》，柴田京子译，电影旬报社，1993）。

卢越：《李小龙传奇》，皇冠出版社，1996。

李秋勤、黄德超：《永恒巨星的一生 李小龙》，明报出版社，2000。

第二部

13 斯波义信：《华侨》，岩波新书，1995，第 145—149 页。

14 以下关于两个电影人的叙述是：Law Kar and Frank Bren, *Hong Kong Cinema: A Cross-Cultural View*, The Scarecrow Press, Lanham, Maryland, 2004, pp. 77—105。另外，关于在美中国人电影制作整体情况，韩燕丽在第三十一届日本影像学会（2005 年 6 月）上发表的《关于在美华裔移民的电影制作的考察》中有所介绍。

15 关文清在《中国银坛外史》(广角镜出版，香港，1976）中漫不经心地主张《金门女》的导演是自己，不难推测，这成了误解的原因之一。也许他对这个电影，像剧中年老的父亲那样，表现得像父亲大人。就连香港电影资料馆在

2000 年举行的李小龙电影回顾展的目录《不朽的巨龙》卷末收录的电影集锦中，也沿袭了这一错误。《金门女》的导演被明确记载为伍锦霞，是上述 14 的 Kar and Bren 的著作问世以后的事了。

16 高思雅：《社会通俗剧外观》，第二届香港国际电影节《20世纪 50 年代粤语电影回顾展》，1978，第 20 页。

17 根据秦剑谈话整理的《不朽的巨龙 李小龙电影回顾展》，香港电影资料馆，2000，《苦海明灯》解说。

18 应该指出，阿三在这部电影中所说的粤语，使用了大量当时的俗语。"喂、有锯呀？""你赖吾赖嫁？"这样的对话，绝对不会出现在之前的道德教育类情节剧中，这表明《人海孤鸿》是一部距离以前李小龙的演出作品，例如《苦海明灯》等十分遥远的作品。

19 关于西方近代对孩子的认识的历史性变化，请参照菲利浦·阿利埃斯：《孩子诞生》（杉山光信、杉山惠美子译，水铃书房，1980）。关于孩子在以 19 世纪为中心的西方情节剧中的作用，请参照彼得·布鲁克斯的《传奇剧的想象：巴尔扎克、亨利·詹姆斯及过渡模式》（四方田犬彦等译，产业图书，2002）。

20 李小龙:《基本中国拳法》,松宫康生译,森林出版,1998,第6—7页。

21 同前20,第12页。

22 同前20,第87页。

23 李小龙著、约翰·里特编《功夫之道》,奥田祐士译,索尼杂志,1998,第13页。

24 同前23,第21—22页。

25 例如在1966年12月30日"西雅图邮报知识分子"的采访中,他说:"那既不是仪式,也不是体育,是保护自己的手段。"约翰·里特编《龙说 采访1958—1973》,奥田祐士译,索尼杂志,1998,第80页。

26 同前23,第65页。

27 同前23,第115页。

28 同前23,第73页。表记有部分修改。

29 同前23,第74页。表记有部分修改。

30 同前23,第77页。

31 同前23,第76页。

32 Bruce Lee, *Letters of the Dragon*, ed. by John Little, Charles E. Tuttle, 1998, pp. 110—111.

33 李小龙：《截拳道》，奥田祐士译，索尼杂志，1998，第47页。

34 同前33，第338页。

35 同前33，第37—45页。

36 同前33，第344页。

37 同前33，第361页。

38 同前33，第59页。

39 同前33，第62页。

40 同前33，第29页。

41 同前33，第25页。

42 同前33，第330页。

43 同前33，第23页。

44 同前33，第375页。

45 同前25，第72页。译文有部分修改。

46 1978年华纳制作的影片《无声笛》讲述了这样一个故事：学习武术的青年科德，为了追求魔术师泽泷所拥有的全能书籍，决心去旅行。他在武术资格比赛中失败，但是由于胜利者在旅行的最初考验中失去了生命，所以他取而代之，开始探索之旅。很多考验在等待着他。但是，每次陷入危机，都会出现神秘的长笛演奏者，为科德指引正确的道路。最后他到达泽泷王国，得到了想要的书籍。该书每一页都是镜子做的，只映出科德的脸。他被告知终极真理就在自己的内心。大卫·卡拉丁以盲人、猴男、死神、中国人导师等各种各样的形象登场，杰夫·库珀饰演科德。顺便一提，饰演泽泷的是曾经饰演傅满洲一角的名人克里斯托弗·李。演员中没有一个是华裔演员。

电影《无声笛》在多大程度上反映了李小龙本来的构想，今天已无法考证。但是，其故事令人强烈联想到伊斯兰教神秘主义苏菲派的法里德·丁·阿塔尔在中世纪的波斯所著的《百鸟朝凤》的故事，两者非常相似。百鸟为了追求神圣的鸟之王者而进行朝圣之旅，经过多次考验后到达圣山。它们快到最后一道关口的时候，会在那里看到巨鸟凤凰，但其实门的对面只有它们聚集的影子。鸟儿们明白了真理在自己的内心。这个故事曾被彼得·布鲁克改编为《鸟的会议》而搬上舞台，与《无声笛》同年，即 1978 年首次上演。我完全同意这是米尔恰·伊利亚德在《神秘主义、巫术与文化风尚》中指出的，20 世纪 60 年代至 70 年代欧美东方神秘主义的典型。

47 "杀死大卫·卡拉丁"——这在 20 世纪 70 年代以后的李
　　小龙崇拜者中就像咒语一样被传诵着。以此为主题制作的
　　是塔伦蒂诺的《杀死比尔》(2003—2004)。在这部好莱坞
　　武术电影中，女主人公穿着《死亡游戏》里李小龙身穿的
　　黄色运动正装，仿佛在致敬那个情节一样，接二连三地与
　　邪恶的武术家对决。饰演作为首领短暂现身的比尔的，正
　　是卡拉丁，整部电影传达的信息就是"杀死比尔"。

第三部

48 写本章时，参考了以下书籍：

　　《香港武侠电影研究（1945—1980）》，第五届香港国际电
　　影节目录，1981。刘成汉：《电影赋比兴集》，台北远流出
　　版社，1992。

　　罗卡、吴昊、卓伯：《香港电影类型论》，牛津大学出版
　　社，1997。香港电影资料馆编《电影口述历史展览之〈再
　　现江湖〉》，临时市政局，1999。

49 关于胡金铨与京剧的关系，参照四方田犬彦《电影风云》
　　（白水社，1993）第 444 页以后。

50 吴昊在《黄飞鸿之英雄三变》（罗卡等著，同前 48，第 85

页以后）中指出，黄飞鸿的英雄形象发生了三次变化。据他介绍，1949 年至 1967 年由关德兴出演的黄飞鸿，既是生活在封建社会的古典英雄，也体现了中国人保守的道德意识和民族主义。70 年代在电视上出现的黄飞鸿就是挑战封建道德的"反英雄"。黄飞鸿毅然投身于 20 世纪上半叶帝国主义侵略到五四运动时的动乱历史，是一位杰出的近代英雄。90 年代徐克翻拍的黄飞鸿，在城市腐败之前就知道自己的无能为力，是被中国和西欧这两个文明撕裂的过渡期人物，也就是后现代的假英雄。

51 张彻：《武侠片与港片风格之创建》，同前 48《电影口述历史展览之〈再现江湖〉》，第 11 页。

52 关于以香港电影为代表，普遍横亘在东亚电影中的同性社交现象，参照四方田犬彦、齐藤绫子编集的《男人们的羁绊，亚洲电影》（平凡社，2004）中韩燕丽的论文。如果说周润发、张国荣等在 80 年代的香港黑暗作品总是表现出强烈的同性情谊，那么李小龙电影中的孤立、同伴的不存在就很有意思了。

53 由波丽佳音发售的日本版视频（粤语，日语字幕），不知为何标题背景中没有出现配角和工作人员的名字，是一件缺陷商品。李小龙的作品、DVD、VCD 有各种各样的版本和语言，但质量各不相同。本书以在香港公开的电影为前提进行论述。

54 关于香港电影中的这种现象，请参阅《电影风云》（白水社，1993）第 491—526 页。

55 同性社交是美国学者伊芙·科索夫斯基·塞吉维克在《男人之间》（名古屋大学出版会，2001）中提出的概念，表示没有身体接触的同性之间的亲密友谊。它不仅和同性恋严格区别，而且在很多情况下有厌恶同性恋的特征。在同性社交的体制内，女性经常被男性们共享，或者成为交换的对象。她们不是被排除，而是被用来进一步巩固男性之间的羁绊。以作者为首的前述 52 的执笔者，将范围从日本的日活动作片扩大到东映仁侠电影，再到香港黑帮片、现在的韩国电影等，对东亚电影中同性社交是如何展现的进行了研究。

56 根据史实，霍元甲开办精武体操学校是在《精武门》故事设定两年之后的 1910 年。正如嘉纳治五郎在日本开办讲道馆，提倡由柔术改革发展而来的柔道一样，霍元甲也是给中国拳法带来现代化变革的武术家。事实上他还未完成事业就中途去世，而此时日本武术家访问上海，不可能做电影中所描绘的粗鲁肮脏之事。那是因为在当时的日本，柔道和空手道作为武术还没有充分形成体系。这部影片的后半部分有一段插曲，说从俄国流亡来的柔道家寄宿在日本武馆，但考虑到俄国革命于 1917 年发生，这也很不自然。《精武门》的故事设定在 1908 年，但实际上被化用的是围绕 1930 年代的上海的刻板印象。

57 饰演铃木的桥本力（1933—2017）是原职业棒球选手，出演过大映的《座头市》和《军中黑道》系列。他因在《大魔神》中扮演主角，被日本电影史记载。以与香港合作的《座头市与独臂刀》(1971) 为契机，胜新太郎把桥本派往邹文怀身边，与这次演出相吻合。桥本在采访"被李小龙踢了的男人"（《电影秘宝　布鲁斯·李和 101 条龙大游行！》，洋泉社，1996，第 74—80 页）中，回忆起拍摄中为没有剧本而感到困惑的事情。大魔神出演反日电影，涉及东京和香港的越界问题，这和导演中平康、摄影导演西本正的情况一样，可以说是今后电影史上的研究课题。

58 顺便一提，此时铃木的特技替身是成龙。这个时期成龙从小就学的京剧培养学校被关闭，他开始在摄影棚作为特技演员活跃。罗启锐的《七小福》（1988）巧妙地描述了这段时期的情况。

59 注意"唐龙"这个名字的意思是中国龙，带有浓厚的民族主义味道。而《唐山大兄》中的"潮安"意味着航海安全，让人联想到香港贫困渔村出身的青年。《精武门》中的陈真，顾名思义是儒家道德意识的化身。

60 与《精武门》中的翻译相似，阿泰也是支持外国人的汉奸小丑。从这个意义上说，也许可以与日本日活动作片中的宍户锭进行比较。但是，与好斗的Joe不同的是，在某些地方，与楳图一雄容貌相似的这个人物，显而易见被赋予了同性恋的性格。他对着刚从厕所出来的唐龙送上诱惑的眼神，手势色情地握住从他裤子里露出来的黑衬衫。后来，黑帮老大要杀唐龙的时候，阿泰加以阻止，取而代之的是给他去香港的飞机票，拯救了他的生命。他总是男扮女装，这个人物的小丑形象，因每次登场都会换上颜色奇异的服装而更加突显。最初，他出场时，白色短裤配的是红色缎纹衬衫，银色的天鹅绒背心配的是金色胸饰、红色盔式无边帽。当他若无其事地戴上放在腰间的墨镜，抓住插在桌上的深红康乃馨闻其香气的时候，可以看出他相当自我陶醉。其他时候，他会穿着带白色褶边的衬衫，或者身着藤色西服配上粉红色领带、金色礼服衬衫，让观众赏心悦目。围绕同性恋产生的这种戏剧性，与李小龙电影中同性社交比较淡薄有关。这也能和同时代的日本仁侠电影，例如高仓健的《网走番外地》系列中屡屡露面的同性恋在监狱里的小丑形象形成对比。

61 以下叙述出自 Robert Clouse, *The Making of Enter the Dragon*, Unique Publications, Bur-bank, 1987（日译为《布鲁斯·李〈燃烧吧！龙〉完全导览》，奥田祐士译，白夜书房，1996）。

62《上海小姐》恰好是 1940 年李小龙在旧金山出生后，在他父亲经常出演的剧场拍摄的。

63 电影制作中的本土化问题，请参照四方田犬彦《亚洲电影中的大众想象力》（青土社，2003），第 9—125 页。

64 南北楼实际上位于香港岛铜锣湾兰芳道 7 号，无论是装修还是陈设都还是老样子。如果你说在《死亡游戏》中看到过，工作人员会热情接待你。电话：（2577）3811。对了，这家店的鱼香肉片是绝品。

65 布鲁斯·托马斯，同前 1，第 249 页以后。

66《死亡游戏》根据发行的国家不同，存在着各种各样的版本。基本上分为英语版和粤语版两种，但是池的说话场面是日本版的录像（波丽佳音发售），所以发行商东和好像是在英语版上重新添加的。关于池汉载故事的处理方法，有完全被剪掉的，也有被转移到其他地方的，还有最后比利确认蓝博士死亡后被警察带走的粤语版本。从这个意义上讲，《死亡游戏》为研究影像的填补修复和变化的多样性提供了有趣的素材。知野二郎、藤原章：《黑暗中看了谁都不知道的〈死亡游戏〉!》,《电影秘宝》, 同前 57, 第70—73 页。

67 同前 33, 第 361 页。

68 Stephen Teo, *Hong Kong Cinema: The Extra Dimensions*, British Film Institute, London, 1997, pp. 110—121.

69 Tony Rayns, "Bruce Lee: Narcissism and Nationalism", *A Study of the Hong Kong Martial Arts Film*, HKIFF catalogue, 1980.

70 Kwai-Cheung Lo, "Muscles and Subjectivity: A Short History of the Masculine Body in Hong Kong Popular Culture", *Camera Obscura* 39(1996). Siu-Leung Li, "Kung Fu: Negotiating Nationalism and Modernity", *Cultural Studies* 15.3

and 4（2001）. Agnes S. Ku, "Masculinities in Self-Invention: Critics' Discourses on Kung Fu-Action Movies and Comedies" in *Masculinities and Hong Kong Cinema*, ed. by Laikwan Pang and Day Wong, Hong Kong University Press, 2005。

71 关于功夫电影在美国的流行及其影响，请参照 David Desser, "The Kung Fu Craze: Hong Kong Cinema's First American Reception", in *The Cinema of Hong Kong*, ed. by Poshek Fu and David Desser, Cambridge University Press, 2000。

72 约翰·里特编，同前，第 126 页。Hsin Hsin, "Bruce's Opinions on Kung Fu, Movies, Love and Life", in *Words of the Dragon: interviews* 1958—1973, ed. John Little，Boston, Charles E. Tuttle, 1997, p.119.

73 Jim Kelly and David W. Clary, "Whatever Happened to Jim Kelly?" *Black Belt magazine*, May 1992. 但出自 Vijay Prashad, *Everybody was Kung Fu fighting: Afro-Asian Connections and the Myth of Cultural Purity*, Beacon Press, Boston, 2001, p. 129。

74 Prashad, op. cit, p. 140.

75 Van Troi Pang, "To Commemorate My Grandfather", in *Moving the Image: Independent Asian Pacific American Media Art*, ed. Russell Leong, UCLA Asian American Studies Center. Los Angeles, 1991. p.44.

76 Renée Witterstætter, *Dying for Action: The Life and Times of Jackie Chan*, New York. Warner Books, 1997, p.21.

77 Day Wong，"Women's Reception of Mainstream Hong Kong Cinema", in *Masculinities and Hong Kong Cinema*, ed. Pang and Wong, op.cit.

后　记

　　李小龙去世后，世界上发生了许多事情。东欧发生"颜色革命"，香港回归中国，美国的政治和社会更加混沌。在此期间，他从未被遗忘，而是渐渐被神化，有关他的资料陆续公开出版。

　　从《龙争虎斗》在日本首次上映时的小册子，到纪念衬衫、在香港旺角街头购买的传记漫画、在巴勒斯坦购买的盗版 VCD、坦桑尼亚发行的纪念邮票等，我的房间就像李小龙商品的展览会。在学术领域，他似乎也非常有人气。在中国和美国，从文化研究到拉康风格的精神分析、德里达风格的解构论文，当代流行的理论似乎一度想以这位杰出的天才为对象，沉溺于抽象讨论。作为从懂事起就去电影院看电影的一代人，我只能唉声叹气了。

　　在本书的开头详细提到过，《布鲁斯·李还活着》才应该是我的第一部著作，在出版社倒闭、我自己的兴趣转移到其他电影和文学上的时候，我在不知不觉中忽略了李小龙，等注意到的时候已经过了很长时间。现在的我，比起《龙争虎斗》开头的李小龙，反而更接近指点他的高僧乔宏的年龄。但我还未学成，觉悟之日还很远。一听说周星驰的《功夫》（2004）还在上映，我就跑到东京的试映室，得知 20 世纪 60 年代韩国和中国香港合作的电影难得一起上映，我就飞到了釜山。

本书的基础是 2003 年 3 月至 4 月在香港电影资料馆进行的调查活动。非常幸运，能看到李小龙童年时代的大部分演出作品、听取相关人士的谈话，特别是从堪称香港电影之父的罗卡那里得到了宝贵的指点。回国后我马上开始写作，但第二年在特拉维夫、贝尔格莱德和科索沃度过一年，非常遗憾，不得不中断写作。2005 年回国重新开始工作，这次终于完稿。本书将香港电影的作品名称统一为粤语原名，并在卷末的电影目录上附上了部分英文名。

许多朋友借给我资料，并给予宝贵的意见，在此深表感谢。因为涉及很多方面，所以请允许我不公开姓名。整理成书时，得到了晶文社中川六平先生的帮助。感谢年轻的舞蹈电影研究者濑能旦先生为我们制作了图解插图。

最后写上我的座右铭。这是李小龙著作《截拳道》中的一句话：只有热情才能唤醒另一种热情。

四方田犬彦

2005 年 9 月 10 日　于神乐坂

文库版后记

　　自 2005 年我出版《李小龙传：光荣与孤独》以来，已经过去了 14 年。

　　其间，李小龙研究取得了很大进展。香港自不必说，在英语圈许多人也从文化研究和后殖民主义研究的立场发表了不少评论。日本也不例外，杂志《现代思想》（2013 年 10 月）在临时增刊号上登载了特集。李小龙不再是单纯的动作演员，他处于电影、运动、民族主义等当今问题领域的中心，又成为调解激化的民族对立的代表人物，其存在方式得到了重新发现和重新评价。

　　有许多关于培育李小龙的香港电影界，以及同一类型的东亚动作片的书籍，韩燕丽的《在国族电影的彼岸——海外中国移民电影与国族身份认同》（晃洋书房，2014）和李英载的《国族动作片——冷战时期东亚的男性身体·暴力·市场》（东京大学出版会，2016）等优秀书籍应该在这里记录一下。《龙争虎斗》的主角不再是孤立的英雄明星，他作为往返于好莱坞和香港电影之间的重要电影人，在电影史、移民史以及比较文化学中，成了值得进一步探索的人物。在这样的整体知性潮流中，如果我的这本书能够被接受的话，对作者来说心愿已了，我对此感到非常高兴。

从20世纪90年代到21世纪的前十年，作为电影研究家的我，陷入了如何建立亚洲电影类型学的问题。我研究的有绝对不会在以欧美为中心的国际电影节等上映的地方电影，还有有时被贬低为B级、C级，导演的名字也没有出现在摄制人员名单中，却在当地受到压倒性支持的娱乐片。可将其大致分为动作片、恐怖片、情节剧、喜剧四大类，各类别与好莱坞电影之间存在着什么样的电影偏差？另外，这和当地的历史、宗教、种族、政治体制有什么样的关系呢？我依据这些问题脉络继续进行探究，写下了一系列关于日本《忠臣藏》、怪兽电影和女性动作电影的思考。（现在考虑在这里加上历史剧。）我与东亚的电影研究者们合作，编写了《男人们的羁绊　亚洲电影》（平凡社，2004），逗留在雅加达和曼谷时，执笔了《怪诞电影天堂　亚洲》（白水社，2009）。

在今天的好莱坞，恐怖片和喜剧是另一范畴。不对动作片和情节剧严格区分的话，市场调查就不成立。但是在东亚，这四种类型经常混合在一起。可以说，不分甜酸苦辣的味道混杂的电影才是主流。如果要寻求亚洲电影本质的话，那应该是这四个领域的积极混淆。

本书是我为了研究亚洲地域电影而构想的，中心内容是情节剧和动作片的结合，如果缺失其中任何一方，李小龙电影的整体形象就不会呈现出来。尽管他的电影一次也没有以香港为舞台，但它们仍是优秀的香港电影，这一事实的意义恐怕让人无法理解。

衷心感谢筑摩书房编辑部的永田士郎先生给了我许多帮助。

四方田犬彦
2019 年 5 月

著作权合同登记号桂图登字：20 - 2023 - 183 号

图书在版编目（CIP）数据

李小龙传：光荣与孤独／（日）四方田犬彦著；潘幼芳译. — 桂林：广西师范大学出版社，2024.5

（小阅读·文艺）

ISBN 978 - 7 - 5598 - 6429 - 1

Ⅰ. ①李… Ⅱ. ①四… ②潘… Ⅲ. ①李小龙（Lee，Bruce 1940 - 1973）-传记 Ⅳ. ①K837.125.78

中国国家版本馆 CIP 数据核字（2023）第 188093 号

李小龙传：光荣与孤独

LIXIAOLONG ZHUAN：GUANGRONG YU GUDU

出 品 人：刘广汉　　　　　　　责任编辑：刘　玮

助理编辑：陶阿晴　　　　　　　装帧设计：侠舒玉晗

营销编辑：康天娥　金梦茜

广西师范大学出版社出版发行

（ 广西桂林市五里店路 9 号　　邮政编码：541004 ）
（ 网址：http://www.bbtpress.com 　　　　　　　）

出版人：黄轩庄

全国新华书店经销

销售热线：021 - 65200318　021 - 31260822 - 898

山东韵杰文化科技有限公司印刷

（山东省淄博市桓台县桓台大道西首　邮政编码：256401）

开本：787 mm×1 092 mm　　1/32

印张：11.875　　　　　　　字数：168 千

2024 年 5 月第 1 版　　　　2024 年 5 月第 1 次印刷

定价：69.00 元

如发现印装质量问题，影响阅读，请与出版社发行部门联系调换。